ELEMENS
DE
MUSIQUE,
THEORIQUE ET PRATIQUE,
SUIVANT
LES PRINCIPES DE M. RAMEAU.

ÉLÉMENS
DE
MUSIQUE,
THEORIQUE ET PRATIQUE,
SUIVANT
LES PRINCIPES DE M. RAMEAU.

A PARIS,

Chez { DAVID l'aîné, rue S. Jacques, à la Plume d'Or. LE BRETON, Imprimeur ordinaire du Roi, au bas de la rue de la Harpe. DURAND, rue S. Jacques, à S. Landry, & au Griffon.

M. DCCLII.

AVEC APPROBATION ET PRIVILEGE DU ROI.

AVERTISSEMENT.

EN lisant les excellens Traités que M. Rameau a donnés sur son Art, j'ai composé ce petit Ouvrage, à la priere de quelques amis, qui desiroient, quoique peu versés dans la Musique, de s'instruire des découvertes & des principes de cet illustre Artiste. L'Ouvrage leur ayant paru clair & méthodique, ils m'ont engagé à le mettre au jour, persuadés, peut-être trop légerement, qu'il servira à faciliter aux Commençans l'étude de l'Harmonie. C'est le seul motif qui soit capable de me déterminer à publier un Livre, dont je n'hésiterois pas à me faire honneur si le fonds m'en appartenoit, mais dans lequel rien n'est à moi que l'ordre, & les fautes qui pourront s'y trouver.

Il ne s'agit point ici du principe phyſique de la reſonnance des corps ſonores, encore moins du principe métaphyſique du ſentiment de l'harmonie; l'un & l'autre ſont à peu près auſſi connus, & ſelon toutes les apparences le ſeront toûjours à peu près autant qu'ils l'étoient du tems de Pythagore. Il s'agit uniquement de faire voir comment on peut déduire d'un ſeul principe d'expérience les loix de l'harmonie, que les Artiſtes n'ont trouvées, pour ainſi dire, qu'à tâtons.

Dans le deſſein de rendre cet Ouvrage d'une utilité preſque générale, j'ai tâché de le mettre à la portée des perſonnes même qui n'ont aucune teinture de Muſique : voici le plan que j'ai ſuivi pour cela.

Je commence par une courte introduction, où je définis les termes les plus uſités dans cet Art, *accord*, *harmonie*, *ton*, *tierce*, *quinte*, *octave*, &c.

J'entre ensuite dans la théorie de l'harmonie, que j'expose d'après M. Rameau, le plus clairement qu'il m'est possible. C'est la matiere du premier Livre, qui ne suppose, ainsi que l'Introduction, aucune autre connoissance de Musique, que celle des syllabes *ut*, *ré*, *mi*, *fa*, *sol*, *la*, *si*, *ut*, que tout le monde sçait.

La théorie de l'harmonie demande quelques calculs arithmétiques, nécessaires pour qu'on puisse comparer les sons entr'eux. Ces calculs sont très-courts, très-simples, & j'ai fait ensorte de les rendre sensibles à tout le monde; ils n'éxigent aucune opération qui ne soit clairement expliquée, & qu'un enfant ne puisse faire avec la plus legere attention. Cependant pour épargner même cette peine à ceux qui voudroient s'en dispenser, je n'ai point inséré ces calculs dans le texte; je les ai rejettés dans des notes, qu'on pourra ne pas lire, si on le juge à propos, en ſe contentant de ſuppoſer comme vraies les propoſitions énoncées dans le texte, & dont la preuve ſe trouve dans les notes.

Le ſecond Livre contient les principales regles de la compoſition, ou ce qui eſt la même choſe, la pratique de l'harmonie. Ces regles ſont fondées ſur les principes expoſés dans le premier Livre ; cependant ceux qui voudront ſe renfermer dans la pratique, ſans en approfondir les raiſons, peuvent ſe borner à lire l'Introduction, & le ſecond Livre. Ceux qui auront lû le premier Livre, trouveront à chaque regle que contient le ſecond, un renvoi à l'endroit du premier Livre, où l'on donne la raiſon de cette regle.

Pour ne point préſenter à la fois un trop grand nombre d'objets & de préceptes, j'ai rejetté dans les notes de cette ſeconde Partie pluſieurs obſervations & regles d'un uſage moins fréquent, qu'il ſera peut-être bon de reſerver pour une ſeconde lecture, quand on ſe ſera bien inſtruit des regles eſſentielles & fondamentales expliquées dans le texte.

Ce ſecond Livre ne ſuppoſe non plus à la rigueur, aucune habitude de chant, ni même aucune connoiſſance de Muſique; il demande ſeulement qu'on ſçache, non l'intonnation, mais ſimplement la poſition des notes dans la clef de *fa* ſur la quatriéme ligne, & dans celle de *ſol* ſur la ſeconde; encore pourra-t-on acquérir cette connoiſſance dans mon Ouvrage même; car j'explique au commencement du ſecond Livre, la poſition des clefs & des notes. Il n'eſt queſtion que de ſe la rendre un peu familiere, & on n'aura plus de difficulté.

On ne doit pas s'attendre à trouver ici toutes les regles de la compoſition, ſur-tout celles qui concernent la Muſique à plusieurs parties, & qui étant moins rigoureuses, s'apprennent principalement par l'usage, l'étude des des grands modeles, le secours d'un bon Maître, & sur-tout par l'oreille, & par le goût. Cet Ouvrage n'est proprement, si je puis m'exprimer ainsi, qu'un *Rudiment* de Musique destiné à développer aux Commençans les principes fondamentaux, & non les détails.

On doit encore moins se persuader qu'il suffise, pour faire de bonne Musique, de s'être bien familiarisé avec les principes exposés dans ce Livre. On pourra seulement y apprendre jusqu'à un certain point la méchanique de l'Art; c'est à la nature à faire le reste: sans elle on ne composera pas de meilleure Musique pour avoir lû cet Ouvrage, qu'on ne fera de bons Vers avec Richelet. Ce sont, en un mot, des Elémens de Musique, & non des Elémens de Génie que je prétends donner.

Tel eſt l'objet pour lequel j'ai compoſé, & tel eſt l'eſprit dans lequel il faut lire ces Elémens, dont encore une fois, le fonds ne m'appartient en aucune maniere. Mon unique but a été de me rendre utile; je n'ai rien oublié pour y parvenir, & je ſouhaite y avoir réuſſi.

TABLE DES CHAPITRES.

LIVRE PREMIER.

LIVRE SECOND.

Qui contient les principales regles de la composition. 97

Fin de la Table des Chapitres.

ÉLÉMENS DE MUSIQUE, THEORIQUE ET PRATIQUE,

Suivant les principes de M. Rameau.

INTRODUCTION,

Qui contient les définitions de quelques termes.

CHAPITRE PREMIER.

Ce que c'est que mélodie, accord, harmonie, intervalle.

1. Le *chant*, ou la *mélodie*, n'eſt autre choſe qu'une ſuite de ſons qui ſe ſuccedent les uns aux autres d'une maniere agréable à l'oreille.

2. On appelle *accord* le mélange de pluſieurs

ſons qui ſe font entendre à-la-fois ; & l'*harmonie* eſt proprement une ſuite d'*accords* qui en ſe ſuccédant flattent l'organe.

3. Dans la mélodie & dans l'harmonie, on nomme *intervalle* la différence qu'il y a d'un ſon à un autre plus ou moins aigu.

4. Pour apprendre à connoître les intervalles, & la maniere de les diſtinguer, prenons la gamme ordinaire *ut*, *ré*, *mi*, *fa*, *ſol*, *la*, *ſi*, *UT*, que toute perſonne entonne naturellement, pourvû qu'elle n'ait ni l'oreille ni la voix exceſſivement fauſſe. Voici ce que nous remarquerons en chantant cette gamme.

Le ſon *ré* eſt plus haut ou plus aigu que le ſon *ut*, le ſon *mi* plus que le ſon *ré*, le ſon *fa* plus que le ſon *mi*, &c. & ainſi de ſuite ; de ſorte que l'*intervalle*, ou la différence du ſon *ut* au ſon *ré*, eſt moindre que l'intervalle ou la différence du ſon *ut* au ſon *mi*, l'intervalle de *ut* à *mi*, moindre que celui de *ut* à *fa*, &c. & qu'enfin l'intervalle du premier *ut* au ſecond *UT* eſt le plus grand de tous. C'eſt pour diſtinguer ces deux *ut*, que j'ai déſigné le ſecond par des lettres majuſcules.

5. En général l'intervalle de deux ſons eſt d'autant plus grand, que l'un de ces ſons eſt plus aigu ou plus grave par rapport à l'autre : mais il faut bien remarquer que deux

ſons peuvent être également aigus ou également graves, quoique d'inégale force. Une corde de violon touchée avec un archet rend toûjours un ſon également aigu, ſoit qu'on la touche fortement ou foiblement; le ſon ſera ſeulement plus ou moins fort. Il en eſt de même de la voix: qu'on forme un ſon en enflant la voix peu à peu, on s'appercevra que le ſon augmentera de force, mais qu'il ſera toûjours également grave, ou également aigu.

6. Nous remarquerons encore dans la gamme, que les intervalles de l'*ut* au *ré*, du *ré* au *mi*, du *fa* au *ſol*, du *ſol* au *la*, du *la* au *ſi*, ſont égaux, ou à peu près égaux; & que les intervalles du *mi* au *fa*, & du *ſi* à l'*ut*, ſont auſſi égaux entr'eux, mais qu'ils ne ſont qu'environ la moitié des premiers. Ce fait eſt connu & avoüé de tout le monde: nous en donnerons la raiſon dans la ſuite, & on peut facilement s'en aſſûrer par le ſecours de l'expérience. (*a*)

(*a*) Cette expérience eſt facile à faire. Que l'on chante la gamme *ut*, *ré*, *mi*, *fa*, *ſol*, *la*, *ſi*, *UT*, on remarquera d'abord ſans peine, que la demi-gamme *ſol*, *la*, *ſi*, *UT*, eſt toute ſemblable à la demi-gamme *ut*, *ré*, *mi*, *fa*; enſorte que ſi après avoir chanté cette gamme, on vouloit la chanter de nouveau en donnant à *ut* le même ſon que *ſol* avoit dans le premier chant, le *ré* du nouveau chant auroit le même ſon que le *la* du premier, le *mi* que le *ſi*, & le *fa* que l'*UT*.

7. C'est pour cela qu'on a nommé *demi-ton*

D'où il s'ensuit qu'il y a même intervalle d'*ut* à *ré*, que de *sol* à *la*; de *ré* à *mi*, que de *la* à *si*, & de *mi* à *fa*, que de *si* à *UT*.

On trouvera de même que du *ré* au *mi*, du *fa* au *sol*, il y a le même intervalle que de l'*ut* au *ré*. Pour s'en convaincre, il faudra d'abord chanter la gamme une fois, puis la chanter de nouveau en donnant à *ut*, dans ce nouveau chant, le même son que l'on a donné à *ré* dans le premier; & l'on s'appercevra que le *ré* du second chant aura le même son, du moins sensiblement, que le *mi* du premier chant : d'où il s'ensuit que l'intervalle de *ré* à *mi* est du moins sensiblement égal à celui d'*ut* à *ré*. On trouvera de même que l'intervalle de *fa* à *sol* est sensiblement le même que celui d'*ut* à *ré*.

Cette expérience peut coûter quelque peine à faire quand on n'a pas une certaine habitude avec le chant : mais on pourra la faire très-facilement en se servant d'un Clavecin, par le moyen duquel on sera dispensé de retenir les sons. En touchant sur ce Clavecin les cordes *sol*, *la*, *si*, *ut*, & entonnant en même tems *ut*, *ré*, *mi*, *fa*, ensorte que l'on donne à *ut* le même son que celui de la corde *sol*, on verra que *ré* du chant sera le même que *la* du Clavecin, *&c.*

On éprouvera aussi sur ce même Clavecin, que si on veut chanter la gamme en donnant à *ut* le même son que *mi*, le *ré* qui devra suivre *ut*, sera très-sensiblement plus haut que le *fa* qui suit *mi*; ainsi l'on conclura que l'intervalle du *mi* au *fa* est moindre que celui d'*ut* à *ré*; & si on veut monter du *fa* à un autre son qui fasse avec *fa* le même intervalle que *fa* fait avec *mi*, on trouvera de la même maniere, que l'intervalle de *mi*, à ce nouveau son, est à peu près le même que celui d'*ut* à *ré*. Donc l'intervalle de *mi* à *fa* est à peu près la moitié de celui d'*ut* à *ré*.

Donc, puisque les deux demi-gammes

ut, *re*, *mi*, *fa*,
sol, *la*, *si*, *UT*,

sont parfaitement semblables, & que les intervalles d'*ut* à

l'intervalle du *mi* au *fa*, ou du *ſi* à l'*ut* ; & *ton* l'intervalle d'*ut* à *ré*, celui de *ré* à *mi*, de *fa* à *ſol*, de *ſol* à *la*, de *la* à *ſi*. *Voyez la figure marquée A.*

Le *ton* s'appelle encore *ſeconde majeure*, & le *demi-ton*, *ſeconde mineure*.

8. *Deſcendre* ou *monter diatoniquement*, c'eſt deſcendre ou monter d'un ſon à un autre par l'intervalle d'un ton ou d'un demi-ton, ou en général de ſeconde, ſoit majeure ſoit mineure, comme de *ré* à *ut*, ou de *ut* à *ré* ; de *fa* à *mi*, ou de *mi* à *fa*.

CHAPITRE II.

Noms par leſquels on déſigne les différens intervalles de la gamme.

9. UN intervalle compoſé d'un ton & demi, comme *mi ſol*, ou *la ut*, ou *ré fa*, s'appelle *tierce mineure*.

Un intervalle compoſé de deux tons, comme *ut mi*, ou *fa la*, ou *ſol ſi*, s'appelle *tierce majeure*.

Un intervalle compoſé de deux tons &

ré, de *ré* à *mi*, & de *fa* à *ſol*, ſont égaux, il s'enſuit que les intervalles de *ſol* à *la* & de *la* à *ſi* ſont encore égaux à chacun des trois intervalles d'*ut* à *ré*, de *ré* à *mi* & de *fa* à *ſol*, & que les intervalles de *mi* à *fa* & de *ſi* à *ut* ſont auſſi égaux, mais ne ſont que la moitié des autres.

demi, comme *ut fa*, ou *sol ut*, s'appelle *quarte*.

Un intervalle composé de trois tons, comme *fa si*, s'appelle *triton* ou *quarte superflue*.

Un intervalle composé de trois tons & demi, comme *ut sol*, ou *fa ut*, ou *ré la*, ou *mi si*, &c. s'appelle *quinte*.

Un intervalle composé de trois tons & de deux demi-tons, comme *mi UT*, s'appelle *sixte mineure*.

Un intervalle composé de quatre tons & un demi-ton, comme *ut la*, s'appelle *sixte majeure*.

Un intervalle composé de quatre tons & deux demi-tons, comme *ré UT*, s'appelle *septiéme mineure*.

Un intervalle composé de cinq tons & demi, comme *ut si*, s'appelle *septiéme majeure*.

Enfin, un intervalle composé de cinq tons & deux demi-tons, comme *ut UT*, est appellé *octave*.

10. Deux sons également aigus, ou également graves, quelque inégalité qu'il y ait d'ailleurs dans leur force, sont dits à l'*unisson* l'un de l'autre.

11. Quand deux sons forment entr'eux un intervalle quelconque, on dit que le plus ai-

gu eſt à *cet intervalle en montant* par rapport au plus grave, & que le plus grave eſt à *cet intervalle en deſcendant* par rapport au plus aigu. Ainſi dans la tierce mineure *mi ſol*, où *mi* eſt le ſon grave & *ſol* le ſon aigu, *ſol* eſt à la tierce mineure de *mi en montant*, & & *mi* à la tierce mineure de *ſol en deſcendant*.

12. De même, ſi en parlant de deux corps ſonores, on dit que l'un eſt à la quinte de l'autre *au-deſſus* ou *en montant*, cela veut dire que le ſon rendu par l'un eſt à la quinte *en montant* du ſon rendu par l'autre, *&c.*

CHAPITRE III.

Des intervalles plus grands que l'octave.

13. SI après avoir entonné la gamme *ut*, *ré*, *mi*, *fa*, *ſol*, *la*, *ſi*, *UT*, on veut pouſſer cette gamme plus loin en montant, on s'appercevra ſans peine qu'on formera une nouvelle gamme *UT*, *RE*, *MI*, *FA*, &c. entierement ſemblable à la premiere, & dont les ſons ſeront à l'octave, en montant, de ceux qui leur répondent dans la premiere gamme; ainſi *RE*, ſecond ſon de la ſeconde gamme, ſera à l'octave en montant du *ré* de la premiere gamme; de même *MI* ſera l'oc-

Voyez la figure B.

tave de *mi*, &c. & ainsi des autres.

14. Comme il y a neuf sons depuis le premier *ut* jusqu'au second *RE*, l'intervalle de ces deux sons s'appelle *neuviéme*, & cette neuviéme est composée de six tons & deux demi-tons Par la même raison l'intervalle de *ut* à *FA* s'appelle *onziéme*, l'intervalle de *ut* à *SOL*, *douziéme*, &c.

Il est visible que la *neuviéme* est l'octave de la *seconde*; que la *onziéme* est l'octave de la *quarte*; que la *douziéme* est l'octave de la *quinte*, &c.

L'octave de l'octave d'un son s'appelle la *double octave*; l'octave de la double octave se nomme *triple octave*, & ainsi de suite.

La double octave se nomme aussi *quinziéme*, & par la même raison la double octave de la tierce est nommée *dix-septiéme*; la double octave de la quinte, *dix-neuviéme*, &c. (*b*)

(*b*) Supposons deux cordes sonores de même matiere, de même grosseur & également tendues, mais inégales en longueur, on trouvera par expérience,

1°. Que si la plus petite est exactement la moitié de la plus grande, le son qu'elle rendra sera à l'octave au-dessus du son que rendra la plus grande.

2°. Que si la plus petite est le tiers de la plus grande, elle rendra la douziéme au-dessus du son de la plus grande.

3°. Que si elle en est le cinquiéme, elle rendra la dix-septiéme au-dessus.

De plus, c'est une vérité démontrée & généralement admise, que plus une corde est petite, plus elle fait de vi-

CHAPITRE IV.

Ce que c'est que dieze & bémol.

15. IL est visible qu'on peut imaginer les cinq tons qui entrent dans la gamme, comme partagés chacun en deux demi-tons ; ainsi

brations dans un même tems ; par exemple, dans une heure, dans une minute, dans une seconde, *&c.* ensorte qu'une corde qui est le tiers d'une autre, fait trois vibrations pendant que la plus grande n'en fait qu'une. De même une corde qui est la moitié d'une autre, fait deux vibrations pendant que cette autre en fait une ; & une corde qui n'en seroit que la cinquiéme partie, feroit cinq vibrations dans le même tems.

De-là il s'ensuit que le son d'une corde est d'autant plus ou d'autant moins aigu, que cette corde fait plus ou moins de vibrations dans un certain tems fixe ; par exemple, dans une seconde.

C'est pourquoi, si on représente un son quelconque par 1, on peut représenter l'octave au-dessus par 2, c'est-à-dire, par le nombre de vibrations que fait la corde qui donne l'octave, tandis que l'autre corde fait une vibration : de même, on représentera la douziéme au-dessus du son 1 par 3, la dix-septiéme majeure au-dessus par 5, *&c.* Mais il faut bien remarquer que par ces expressions numériques, on ne prétend point comparer les sons en eux-mêmes ; car les sons, en eux-mêmes, ne sont que des sensations, & on ne peut pas dire qu'une sensation soit triple ou double d'une autre : ainsi les expressions 1, 2, 3, *&c.* employées pour désigner un son, son octave au-dessus, sa douziéme au-dessus, *&c.* signifient seulement que si une corde fait un certain nombre de vibrations dans une seconde, par exemple, la corde qui est à l'octave au-dessus en fera le *double* dans le même tems, la corde qui est à la douziéme au-dessus en fera le *triple*, &c.

on peut arriver d'*ut* à *ré*, en paſſant par un ſon intermédiaire qui ſera plus haut d'un demi-ton que *ut*, & plus bas d'un demi-ton que *ré*. Un ſon de la gamme s'appelle *dieze*, quand il eſt élevé d'un demi-ton, & ſe déſigne par cette marque ✳; ainſi *ut* ✳ ſignifie *ut dieze*, c'eſt-à-dire, *ut* élevé d'un demi-ton au-deſſus de l'*ut* de la gamme. Un ſon de la gamme baiſſé d'un demi-ton s'appelle *bémol*, & ſe déſigne par un ♭; ainſi *la* ♭ ſignifie *la bémol*, ou *la* baiſſé d'un demi-ton.

CHAPITRE V.

Ce que c'eſt que conſonance & diſſonance.

16. UN accord compoſé de ſons dont l'union plaît à l'oreille, s'appelle *accord conſonant*; & les ſons qui forment cet accord s'appellent *conſonances* les uns par rapport aux autres. La raiſon de cette dénomination eſt qu'un accord eſt d'autant plus parfait, que les ſons qui le forment ſe confondent davantage enſemble.

17. L'octave d'un ſon eſt la plus parfaite des conſonances que ce ſon puiſſe avoir; en-

Ainſi comparer des ſons entr'eux n'eſt autre choſe que comparer entr'eux les nombres de vibrations que font pendant un certain tems les cordes qui produiſent ces ſons.

ſuite la quinte, puis la tierce, *&c.* C'eſt un fait d'expérience.

18. Un accord compoſé de ſons dont l'union déplaît à l'oreille s'appelle *accord diſſonant*, & les ſons qui le forment ſont appellés *diſſonances* les uns par rapport aux autres. La ſeconde, le triton, & la ſeptiéme d'un ſon, ſont des diſſonances par rapport à lui. Ainſi un accord compoſé des ſons *ut ré*, ou *ut ſi*, ou *fa ſi*, &c. eſt un accord diſſonant.

19. Le terme de *diſſonance* vient de deux mots, l'un grec, l'autre latin, qui ſignifient *ſonner deux fois*; en effet, la raiſon qui rend la diſſonance deſagréable, c'eſt que les ſons qui la forment ne ſe confondent nullement à l'oreille, & ſont entendus par elle comme deux ſons diſtincts, quoique frappés à-la-fois.

LIVRE PREMIER,

Qui contient la théorie de l'Harmonie.

CHAPITRE PREMIER.

Expériences préliminaires & fondamentales.

PREMIERE EXPERIENCE.

20. SI on fait resonner un corps sonore, on entend, outre le son principal & son octave, deux autres sons très-aigus, dont l'un est la douziéme au-dessus du son principal, c'est-à-dire, l'octave de la quinte de ce son; & l'autre est la dix-septiéme majeure au-dessus de ce même son, c'est-à-dire, la double octave de sa tierce majeure.

21. Cette expérience est principalement sensible sur les grosses cordes d'un violoncelle, dont le son étant fort grave, laisse distinguer assez facilement à une oreille tant soit peu exercée, la douziéme & la dix-septiéme dont il s'agit. (*c*)

(*c*) Puisque l'octave au dessus du son 1 est 2, l'octave au-dessous de ce même son sera $\frac{1}{2}$; c'est-à-dire, que la corde qui donnera cette octave, fera une demi-vibration

22. Le ſon principal eſt appellé *générateur*, & les deux autres ſons qu'il engendre & qui l'accompagnent, ſont appellés ſes *harmoniques*, en y comprenant l'octave.

SECONDE EXPÉRIENCE.

23. Si on accorde avec le corps ſonore deux autres corps dont l'un ſoit à la douziéme au-

pendant que la corde qui donne le ſon 1, en fera une. Donc pour avoir l'octave au-deſſus d'un ſon, il faut multiplier par 2 la quantité qui exprime ce ſon ; & pour avoir l'octave au-deſſous, il faut au contraire diviſer par 2 cette même quantité.

C'eſt pourquoi ſi un ſon quelconque, par exemple *ut*, eſt appellé . . . . 1.

Son octave au-deſſus ſera . . . . . . 2.

Sa double octave au-deſſus . . . . . . 4.

Sa triple octave au-deſſus . . . . . . 8.

De même ſon octave au-deſſous ſera . . . $\frac{1}{2}$.

Sa double octave au-deſſous . . . . . . $\frac{1}{4}$.

Sa triple octave au-deſſous . . . . . . $\frac{1}{8}$.

Et ainſi de ſuite.

Sa douziéme au-deſſus . . . . 3.

Sa douziéme au-deſſous . . . . $\frac{1}{3}$.

Sa dix-ſeptiéme majeure au-deſſus . . . . 5.

Sa dix-ſeptiéme majeure au-deſſous . . . . $\frac{1}{5}$.

Donc, la quinte au-deſſus du ſon 1 étant l'octave au-deſſous de la douziéme, ſera, par ce qu'on vient de dire, $\frac{3}{2}$, ce qui ſignifie que cette corde fait $\frac{3}{2}$ vibrations c'eſt-à-dire une vibration & demie pendant une ſeule vibration de la corde qui rend le ſon 1.

deſſus du corps ſonore, l'autre à la dix-ſeptiéme majeure au-deſſus, ces deux derniers corps frémiront *dans leur totalité* dès qu'on fera reſonner le premier, & de plus ils reſonneront; ce qui prouve de nouveau combien la douziéme & la dix-ſeptiéme majeure au-deſſus d'un ſon principal ont d'analogie avec ce ſon. Mais ſi on accorde avec le même corps ſonore deux autres corps dont l'un ſoit à la douziéme au-deſſous du corps ſonore, & l'autre à ſa dix-ſeptiéme majeure au-deſſous, ces deux derniers corps frémiront dès qu'on fera reſonner le premier, mais ils ne frémiront point *dans leur totalité*; en frémiſſant ils ſe diviſeront par une eſpece d'ondulation, l'un en trois, l'autre en cinq parties égales; enſorte qu'il y aura pendant le frémiſſement
Voyez C. des points qui reſteront en repos. Ainſi ſuppoſons que *A B* ſoit une corde ſonore fixe par ſes deux extrémités *A*, *B*; *C F* (Voyez *Ibid.*) une autre corde ſonore auſſi fixe par ſes extrémités *C*, *F*, & dont le ſon ſoit à la douziéme au-deſſous du ſon que rend la corde *A B*; dès qu'on fera reſonner la corde *A B* toute ſeule, on verra la corde *C F* frémir ſans reſonner, & prendre en frémiſſant la figure *C K D H E G F*, dans laquelle on diſtinguera facilement les points immobiles *D*, *E*, & les trois ventres *K*, *H*, *G*; enſorte

que les trois parties *CD*, *DE*, *EF*, &c. feront égales, & les points *D*, *E* en repos. De même fi la corde *LM* (*Figure* C.) fixe par fes extrémités *L*, *M*, rend un fon qui foit à la dix-feptiéme au-deffous du fon que rend la corde *AB*, cette corde *LM* frémira dès qu'on fera refonner la corde *AB*, & on remarquera dans la corde *LM*, pendant fon frémiffement, cinq ventres *X*, *V*, *T*, *S*, *R*, & quatre points fixes & immobiles *N*, *O*, *P*, *Q*, outre les deux extrémités *L*, *M*; de plus ces points feront à égales diftances les uns des autres. (*d*)

(*d*) Pour avoir la *quarte* au-deffus du fon 1, il faut prendre la douziéme au-deffous du fon 1, & la double octave au-deffus de cette douziéme. En effet, la douziéme au-deffous d'*ut*, par exemple, eft *fa*, dont la double octave eft la quarte *fa* au-deffus d'*ut*. Donc, puifque la douziéme au-deffous de 1 eft $\frac{1}{3}$, il s'enfuit que la double octave au-deffus de cette douziéme, c'eft-à-dire la quarte du fon 1 en montant, fera $\frac{1}{3}$ multiplié par 4, ou $\frac{4}{3}$.

Enfin la tierce majeure n'étant que la double octave au-deffous de la dix-feptiéme, il s'enfuit que la tierce majeure au-deffus du fon 1 fera 5 divifé par 4, c'eft-à-dire $\frac{5}{4}$.

La tierce majeure d'un fon, par exemple, la tierce majeure *mi* du fon *ut*, & fa quinte *fol*, forment entr'elles une tierce mineure *mi*, *fol*; or *mi* eft $\frac{5}{4}$, & *fol* $\frac{3}{2}$, par ce qui vient d'être démontré : d'où il s'enfuit que la tierce mineure, ou l'intervalle de *mi* à *fol*, fera exprimé par le rapport de la fraction $\frac{5}{4}$, à la fraction $\frac{3}{2}$.

Pour déterminer ce rapport, il faut remarquer que $\frac{5}{4}$ eft la même chofe que $\frac{10}{8}$, & que $\frac{3}{2}$ eft la même chofe que

TROISIÉME EXPÉRIENCE.

24. Il n'y a perſonne qui ne s'apperçoive de la reſſemblance qu'il y a entre un ſon &

$\frac{12}{8}$; de ſorte que $\frac{5}{4}$ ſera à $\frac{3}{2}$ dans le même rapport que $\frac{10}{8}$ á $\frac{12}{8}$, c'eſt-à-dire dans le même rapport que 10 à 12, ou que 5 à 6. Donc, ſi deux ſons forment entr'eux une tierce mineure, & que le premier ſoit repréſenté par 5, le ſecond le ſera par 6 ; ou, ce qui eſt la même choſe, ſi le premier eſt repréſenté par 1, le ſecond le ſera par $\frac{6}{5}$.

Ainſi la tierce mineure *harmonique* qui ſe trouve dans la reſonnance même du corps ſonore entre les ſons *mi* & *ſol*, *harmoniques* du ſon principal, peut être exprimée par la fraction $\frac{6}{5}$.

N. B. On voit par cet exemple, que pour comparer entr'eux deux ſons qui ſont exprimés par des fractions, il faut d'abord multiplier le haut de la fraction qui exprime le premier, par le bas de la fraction qui exprime le ſecond, ce qui donnera un premier nombre, comme ici le haut 5 de la fraction $\frac{5}{4}$ multiplié par le bas 2 de la fraction $\frac{3}{2}$ a donné 10. Enſuite on multipliera le haut de la ſeconde fraction par le bas de la premiere, ce qui donnera un ſecond nombre, comme ici 12 qui eſt le produit de 4 par 3 ; & le rapport de ces deux nombres (qui dans l'exemple précédent ſont 10 & 12) exprimera le rapport de ces ſons, ou, ce qui revient au même, l'intervalle qu'il y a de l'un à l'autre ; de maniere que plus le rapport de ces ſons différera de l'unité, plus l'intervalle ſera grand.

Voilà comment on compare entr'eux deux ſons dont on connoit la valeur numérique. Voici maintenant comment on trouve l'expreſſion numérique d'un ſon, quand on ſçait le rapport qu'il doit avoir avec un autre ſon dont l'expreſſion numérique eſt donnée

Par exemple, ſuppoſons que l'on cherche la tierce majeure de la quinte $\frac{3}{2}$, cette tierce majeure doit être, par ce qui a été dit ci-deſſus, les $\frac{5}{4}$ de la quinte ; car la tierce

ſon

son octave en montant ou en descendant. Ces deux sons se confondent presque entierement à l'oreille lorsqu'ils sont entendus ensemble. On peut d'ailleurs se convaincre par deux faits très-simples de la facilité qu'on a à prendre l'un pour l'autre.

Je suppose que l'on veuille chanter un air, & qu'ayant pris d'abord cet air sur un ton trop haut ou trop bas pour sa voix, on soit obligé, pour ne point trop s'efforcer, de chanter l'air dont il s'agit sur un ton plus bas ou plus haut que le premier ; je dis que sans être Musicien en aucune maniere, on prendra naturellement le nouveau ton à l'octave en bas, ou à l'octave en haut du premier ; & que pour prendre ce nouveau ton à un autre intervalle que l'octave, il faut y faire attention. C'est un fait dont il est facile de s'assurer par l'expérience.

Autre fait. Qu'une personne chante un air en notre présence, & le chante sur un ton trop haut ou trop bas pour notre voix ; si nous voulons chanter cet air avec elle, nous

majeure d'un son quelconque est les $\frac{5}{4}$ de ce son. Il faut donc chercher une fraction qui exprime les $\frac{5}{4}$ de $\frac{3}{2}$; c'est ce qui se fait en multipliant le haut & le bas des deux fractions l'un par l'autre ; d'où résulte la nouvelle fraction $\frac{15}{8}$. On trouvera de même que la quinte de la quinte est $\frac{9}{4}$, parce que la quinte de la quinte est les $\frac{3}{2}$ de $\frac{3}{2}$.

prenons naturellement l'octave en bas ou en haut, & souvent en prenant cette octave, nous croyons prendre l'unisson (*e*).

CHAPITRE II.

Origine des deux modes; du chant le plus naturel, & de la plus parfaite harmonie.

25. POur fixer davantage les idées, nous appellerons *ut* le son rendu par le corps sonore : il est évident, par la premiere expérience, que ce son est toûjours accompagné de sa douziéme & de sa dix-septiéme majeures, c'est-à-dire de l'octave de *sol* & de la double octave de *mi*.

26. Donc cette octave de *sol* & cette double octave de *mi* fournissent l'accord le plus parfait qu'on puisse joindre à *ut*, puisque cet accord est l'ouvrage de la nature (*f*).

(*e*) Donc on n'est point censé changer la valeur d'un son en multipliant ou en divisant par 2, par 4, ou par 8, *&c.* le nombre qui exprime ce son, puisque par ces opérations, on ne fait que prendre l'octave simple, double, ou triple, *&c.* du son dont il s'agit, & qu'un son se confond avec son octave.

(*f*) L'accord formé de la douziéme & de la dix-septiéme majeures unies au son principal étant exactement conforme à celui que donne la nature, est aussi par cette raison le plus agréable de tous, sur-tout lorsque le Compositeur peut proportionner ensemble les voix & les instru-

27. Par la même raiſon le chant formé d'*ut*, de l'octave de *ſol* & de la double octave de *mi*, entonnées l'une après l'autre, ſeroit auſſi le chant le plus ſimple & le plus naturel de tous, ſi notre voix avoit aſſez d'étenduë pour former ſans peine d'auſſi grands intervalles : mais la liberté & la facilité que nous avons de ſubſtituer à un ſon ſon octave, lorſque cela eſt plus commode à notre voix, nous fournit un moyen de repréſenter ce chant.

C'eſt pour cela qu'après avoir entonné le ſon *ut*, nous entonnons naturellement la tierce *mi* & la quinte *ſol*, au lieu de la double octave de *mi*, & de l'octave de *ſol*; d'où nous formons, en y joignant l'octave du ſon *ut*, ce chant *ut*, *mi*, *ſol*, *ut*, qui eſt en effet le plus ſimple & le plus facile de tous; auſſi a-t-il ſon origine dans la reſonnance même du corps ſonore.

28. Ce chant *ut*, *mi*, *ſol*, *ut*, dans lequel la tierce *ut mi* eſt majeure, conſtitue ce qu'-

mens d'une maniere propre à donner à cet accord tout ſon effet. M. Rameau l'a exécuté avec le plus grand ſuccès dans l'Acte de Pygmalion, *page 34*. où Pygmalion chante avec le Chœur, *l'Amour triomphe*, &c. Dans cet endroit du Chœur, les deux parties de baſſe vocale & inſtrumentale rendent le ſon principal & ſon octave; le *premier deſſus* & la partie de *haute-contre* rendent la dix-ſeptiéme majeure & l'octave de cette dix-ſeptiéme en deſcendant; enfin, le *ſecond deſſus* rend la douziéme.

on appelle *le genre* ou *mode majeur* ; d'où il s'ensuit que le mode majeur est l'ouvrage immédiat de la nature.

29. Le frémissement de la douziéme & de la dix-septiéme majeure au-dessous du son principal, frémissement qu'on a établi dans la seconde expérience, nous conduit à une autre découverte. La tierce mineure au-dessous d'*ut* étant *la*, il s'ensuit que la tierce majeure au-dessous d'*ut* sera *la* ♭ ; car la tierce majeure, par les définitions données dans l'Introduction, est un intervalle plus grand d'un demi-ton que la tierce mineure : or l'intervalle de *ut* à *la* est une tierce mineure, donc l'intervalle de *ut* à *la* ♭, sera une tierce majeure. D'où il s'ensuit que la dix-septiéme majeure au-dessous d'*ut*, sera la double octave de *la* ♭ en descendant. De même la quinte au-dessous d'*ut* étant *fa*, la douziéme au-dessous d'*ut* sera l'octave de *fa* en descendant.

30. De-là, & de cette facilité naturelle que nous avons de confondre les sons avec leurs octaves, nous pouvons former ce chant indiqué par la nature *fa*, *la* ♭, *ut*, dans lequel la tierce *fa la* ♭ en partant du premier son *fa*, est mineure ; & voilà l'origine du genre ou mode appellé *mineur*.

31. Mais comme les sons *fa*, *la* ♭, ou

plûtôt leurs octaves, ne font que frémir quand *ut* resonne, & ne resonnent pas avec lui comme les octaves de *mi* & de *sol*; il s'ensuit de là que le mode ou genre mineur est donné par la nature moins immédiatement & moins directement que le mode majeur.

32. Donc les accords les plus parfaits sont: 1°. tout accord, comme *ut mi sol ut*, formé d'un son, de sa tierce majeure, de sa quinte & de son octave: 2°. tout accord, comme *fa la* ♭ *ut fa*, formé d'un son, de sa tierce mineure, de sa quinte & de son octave. En effet, ces deux accords sont donnés par la nature, mais le premier plus immédiatement que le second. Le premier est appellé *accord parfait majeur*, & le second, *accord parfait mineur*.

CHAPITRE III.

De la suite des quintes, & des loix qu'elle doit observer.

33. PUisque le son *ut* fait entendre le son *sol* & fait frémir le son *fa*, qui sont ses deux douziémes, nous pouvons imaginer un chant composé de ce son *ut* & de ses deux douziémes, ou ce qui revient au mê-

me (*Art.* 24), de ses deux quintes *fa* & *sol*, l'une au-dessous, l'autre au-dessus; ce qui donne le chant ou la suite de quintes *fa*, *ut*, *sol*, que j'appelle BASSE FONDAMENTALE d'*ut par quintes*.

Nous verrons dans la suite qu'il y a des basses fondamentales *par tierces*, tirées des deux dix-septiémes, dont l'une resonne & l'autre frémit avec le son principal. Mais il faut aller pied à pied, & nous nous contentons pour le présent d'envisager d'abord les basses fondamentales par quintes.

34. Ainsi du son *ut*, on peut aller indifféremment au son *sol* ou au son *fa*.

35. On peut, par la même raison, continuer cette suite de quintes en montant & en descendant depuis *ut*, en cette sorte,

mi ♭, *si* ♭, *fa*, *ut*, *sol*, *ré*, *la*, &c.

& dans cette progression on peut passer d'un son quelconque à celui qui le précede ou qui le suit immédiatement.

36. Mais il n'est pas permis de même de passer d'un son à un autre qui n'en soit pas immédiatement voisin, par exemple de *ut* à *ré*, ou de *ré* à *ut*. Pour le faire voir, nous observerons d'abord que le son *ré* emporte nécessairement avec lui le son *la*; car *la* est quinte de *ré*, & l'octave de cette quinte re-

ſonne avec *ré*, par la premiere expérience, (*Art.* 20) : par conſéquent en paſſant d'*ut* à *ré*, ou de *ré* à *ut*, on paſſe néceſſairement de *ut* à *la*, ou de *la* à *ut*. Or ce dernier paſſage eſt contre les regles indiquées par la nature ; car *la* étant conſidéré dans la ſuite des quintes comme quinte de *ré*, & par conſéquent comme quinte de la quinte de *ſol*, ne ſçauroit faire avec *ut* une tierce mineure juſte & harmonique : c'eſt dequoi tous les Muſiciens conviennent, & on peut le démontrer aiſément (*g*). Ainſi les ſons *ut* & *la*

(*g*) Suppoſons que le ſon *ut* ſoit appellé 1, ſa quinte *ſol* ſera $\frac{3}{2}$, la quinte *ré* de cette quinte ſera $\frac{9}{4}$, & la quinte de *ré*, c'eſt-à-dire *la*, ſera $\frac{27}{8}$: ce *ré* & ce *la* ſe trouveront dans la ſeconde octave au-deſſus d'*ut*. Donc la double octave au-deſſous de ce *la*, devroit naturellement être la tierce mineure au-deſſous d'*ut*, comme on le verra aiſément par cette figure

1	$\frac{3}{2}$	2	$\frac{9}{4}$	$\frac{27}{8}$	
ut,	*ſol*,	*ut*,	*ré*,	*la*,	*ut*.

Premiere Octave. *Seconde Octave.*

où l'on voit au-deſſus de chaque ſon ſa valeur numérique.

Cela poſé, la double octave au-deſſous de *la* eſt $\frac{27}{32}$ (*Note c*), parce qu'il faut diviſer par 4 la fraction $\frac{27}{8}$: donc la tierce mineure de *la* à *ut* ſera $\frac{27}{32}$; or la tierce mineure harmonique au-deſſous d'*ut*, eſt $\frac{5}{6}$ (*Note d*) : donc pour comparer la tierce mineure *la ut* avec la tierce mineure harmonique, il faut comparer enſemble les intervalles $\frac{27}{32}$ & $\frac{5}{6}$.

pris dans la progreffion des quintes, ne font en aucune maniere harmoniques l'un de l'autre, & par conféquent ils ne fçauroient fe fuccéder immédiatement (*h*). Donc les fons *ut* & *ré* ne fçauroient non plus fe fuccéder immédiatement dans la baffe fondamentale.

37. Et comme ces fons *ut* & *ré*, par la premiere expérience, portent naturellement avec eux les accords parfaits majeurs *ut mi fol ut*, *ré fa* ※ *la ré*; il en réfulte cette regle, que *deux accords parfaits, fur-tout lorfqu'ils font majeurs* (*i*), *ne peuvent fe fuccéder diatoniquement dans une baffe fondamentale*;

C'eft à quoi on parviendra facilement par la méthode expliquée (*Note d*); & on trouvera que le premier de ces intervalles eft au fecond comme 27 fois 6 eft à 5 fois 32, ou, ce qui eft la même chofe, comme 27 fois 3 à 5 fois 16, c'eft-à-dire comme 81 à 80 : donc la tierce mineure de *la* à *ut* n'eft pas la même que la tierce mineure harmonique : donc cette tierce de *la* à *ut* n'eft pas parfaitement jufte, lorfqu'on confidere *la* comme quinte de *re*.

(*h*) Lorfque *ut* & *fa* fe fuccedent, *la* refonne dans *fa*; mais ce *la*, ou fa double octave, eft tierce majeure jufte de *fa*, & fait une tierce mineure *parfaitement jufte* avec *ut*. Ainfi il n'y a pas alors le même inconvénient que quand *ut* & *ré* fe fuccedent.

(*i*) Je dis *fur-tout lorfqu'ils font majeurs*; car dans l'accord majeur *ré fa* ※ *la ré*, outre le *la* qui fait avec *ut* une tierce mineure altérée, on trouve encore *fa* ※ qui fait une fauffe quinte avec cet *ut*; l'accord mineur *ré fa la ré* feroit plus fupportable, parce que le *fa* naturel qui s'y rencontre porte avec lui fa quinte *ut*; ou plûtôt l'octave de cette quinte. Auffi on fait quelquefois, *par licence*, fuccéder diatoniquement un accord mineur à un majeur.

c'est-à-dire que dans une basse fondamentale on ne sçauroit faire succéder diatoniquement deux sons portant chacun l'accord parfait, sur-tout si l'accord parfait est majeur dans tous les deux.

CHAPITRE IV.

Du mode en général.

38. LE *mode* en musique n'est autre chose que l'ordre prescrit entre les sons, tant en harmonie qu'en mélodie, par la progression des quintes. Ainsi les trois sons *fa*, *ut*, *sol*, & les harmoniques de chacun de ces trois sons, c'est-à-dire leurs tierces *majeures* & leurs quintes, composent tout le *mode majeur* d'*ut*.

39. Donc la progression ou basse fondamentale *fa*, *ut*, *sol*, dans laquelle *ut* tient le milieu, peut être regardée comme représentant le mode d'*ut*. On pourra de même prendre la progression ou basse fondamentale *ut*, *sol*, *ré*, comme représentant le mode de *sol*; de même *si* ♭, *fa*, *ut*, représentera le mode de *fa*.

On voit par-là que le mode de *sol*, ou plûtôt la basse fondamentale de ce mode, a deux ſons communs avec la baſſe fondamentale du mode d'*ut*. Il en eſt de même de la baſſe fondamentale du mode de *fa*.

40. Le mode d'*ut* (*fa*, *ut*, *ſol*) eſt appellé *mode principal* par rapport aux modes de ſes deux quintes, qui ſont appellées ſes deux *adjoints*.

41. Il eſt donc en quelque maniere indifférent à l'oreille de paſſer du mode principal à l'un ou à l'autre de ſes adjoints, puiſque chacun de ces adjoints a également deux ſons communs avec le mode principal. Cependant on doit avoir un peu plus de prédilection pour le mode de *ſol*; car *ſol* reſonne dans *ut*, & *fa* ne fait que frémir, comme on le voit par la premiere & la ſeconde expérience. C'eſt pourquoi l'oreille affectée du mode d'*ut*, eſt un peu plus préoccupée pour le mode de *ſol*, que pour celui de *fa*. Auſſi rien n'eſt-il plus ordinaire & plus naturel que de paſſer du mode d'*ut* au mode de *ſol*.

42. C'eſt pour cette raiſon, & pour diſtinguer les deux quintes l'une de l'autre, qu'on appelle *dominante* la quinte *ſol* au-deſſus du générateur, & *ſous-dominante* la quinte *fa* au-deſſous de ce même générateur.

43. Au reſte, comme on a vû dans le Chapitre précédent qu'on peut dans la pro-

greſſion des quintes paſſer indifféremment d'un ſon à celui qui en eſt voiſin : on peut de même, & par la même raiſon, après avoir paſſé du mode d'*ut* au mode de *ſol*, paſſer du mode de *ſol* au mode de *ré*, comme du mode de *fa* au mode de *ſi* ♭ : mais il faut cependant obſerver que l'oreille qui a été affectée d'abord du mode principal, s'empreſſe toûjours d'y revenir. Ainſi plus les modes dans leſquels on paſſe s'éloignent du mode principal, moins on doit y reſter long-tems, ou pour parler en termes de l'art, moins les phraſes de ces modes doivent être longues.

CHAPITRE V.

Formation de l'échelle diatonique des Grecs.

44. DE ce qu'on peut faire ſuccéder immédiatement deux ſons voiſins dans la ſuite des quintes *fa*, *ut*, *ſol*, il s'enſuit qu'on peut former ce chant ou cette baſſe fondamentale par quintes

ſol, *ut*, *ſol*, *ut*, *fa*, *ut*, *fa*. *Voyez* D.

45. Chacun des ſons qui forment ce chant, porte néceſſairement avec lui ſa tierce ma-

jeure, ſa quinte & ſon octave; enſorte qu'en chantant, par exemple *ſol*, on eſt cenſé chanter en même tems les ſons *ſol*, *ſi*, *ré*, *ſol*; de même le ſon *ut* de la baſſe fondamentale emporte avec lui ce chant *ut*, *mi*, *ſol*, *ut*, & enfin le ſon *fa* emporte avec lui *fa*, *la*, *ut*, *fa*: donc ce chant ou cette baſſe fondamentale

ſol, *ut*, *ſol*, *ut*, *fa*, *ut*, *fa*,

donne le chant diatonique ſuivant,

Voyez D. *ſi*, *ut*, *ré*, *mi*, *fa*, *ſol*, *la*,

qui eſt préciſément l'échelle diatonique des Grecs. Nous ignorons par quels principes ils l'avoient formée; mais il eſt viſible que cette échelle naît de la baſſe *ſol*, *ut*, *ſol*, *ut*, *fa*, *ut*, *fa*, & que par conſéquent cette baſſe eſt nommée avec raiſon *fondamentale*, comme étant le véritable chant primitif, celui qui guide l'oreille & qu'elle ſous-entend dans le chant diatonique *ſi*, *ut*, *ré*, *mi*, *fa*, *ſol*, *la* (*l*).

(*l*) Rien n'eſt plus facile que de trouver dans cette échelle la valeur de chaque ſon par rapport au ſon *ut*, que nous appellons 1; car les deux ſons *ſol* & *fa* de la baſſe ſont $\frac{3}{2}$ & $\frac{2}{3}$; d'où il s'enſuit,

1°. Que *ut* de l'échelle eſt l'octave de *ut* de la baſſe, c'eſt-à-dire 2.

46. On se convaincra de nouveau de cette vérité par les remarques suivantes.

Dans le chant *si*, *ut*, *ré*, *mi*, *fa*, *sol*, *la*;

2°. Que *si* est la tierce majeure de *sol*, c'est-à-dire $\frac{5}{4}$ de $\frac{3}{2}$, (*Note d*) & par conséquent $\frac{15}{8}$.

3°. Que *ré* est la quinte de *sol*, c'est-à-dire les $\frac{3}{2}$ de $\frac{3}{2}$; & par conséquent $\frac{9}{4}$.

4°. Que *mi* est la tierce majeure de l'octave d'*ut*, & par conséquent le double de $\frac{5}{4}$, c'est-à-dire $\frac{5}{2}$.

5°. Que *fa* est la double octave de *fa* de la basse, & par conséquent $\frac{8}{3}$.

6°. Que *sol* de l'échelle est l'octave de *sol* de la basse, & par conséquent 3.

7°. Enfin, que *la* de l'échelle est la tierce majeure du *fa* de l'échelle, c'est-à-dire $\frac{5}{4}$ de $\frac{8}{3}$, ou $\frac{10}{3}$.

On aura donc la table suivante, dans laquelle chaque son a sa valeur numérique au-dessous de lui.

Echelle diatonique.

$\frac{15}{8}$	2	$\frac{9}{4}$	$\frac{5}{2}$	$\frac{8}{3}$	3	$\frac{10}{3}$
si,	*ut*,	*ré*,	*mi*,	*fa*,	*sol*,	*la*.
sol,	*ut*,	*sol*,	*ut*,	*fa*,	*ut*,	*fa*.
$\frac{3}{2}$	1	$\frac{3}{2}$	1	$\frac{2}{3}$	1	$\frac{2}{3}$

Basse fondamentale.

& si, pour la commodité du calcul, on veut appeller 1 le son *ut* de l'échelle, il n'y a qu'à en ce cas diviser par 2 chacun des nombres qui représentent l'échelle diatonique, & on aura

$\frac{15}{16}$	1	$\frac{9}{8}$	$\frac{5}{4}$	$\frac{4}{3}$	$\frac{3}{2}$	$\frac{5}{3}$.
si,	*ut*,	*ré*,	*mi*,	*fa*,	*sol*,	*la*.

les ſons *ré* & *fa* forment entr'eux une tierce mineure qui n'eſt pas parfaitement juſte comme l'eſt celle de *mi* à *ſol* (*m*). Cependant cette altération dans la tierce mineure de *ré* à *fa* ne fait aucune peine à l'oreille, parce que ce *ré* & ce *fa*, qui ne forment pas entr'eux une tierce mineure juſte, forment chacun en particulier des conſonances parfaitement juſtes avec les ſons de la baſſe fondamentale qui leur répondent; car *ré* de l'échelle eſt la quinte juſte du *ſol* qui lui répond dans la baſſe fondamentale, & *fa* de l'échelle eſt l'octave juſte du *fa* qui lui répond dans cette même baſſe.

47. Donc, pourvû que les ſons de l'échelle faſſent des conſonances parfaitement juſtes avec les ſons qui leur répondent dans la baſſe fondamentale, l'oreille ſe met peu en peine de l'altération qu'il peut y avoir dans les intervalles que ces ſons de l'échelle forment entr'eux. Nouvelle preuve que la baſſe fondamentale eſt le vrai guide de l'oreille & la véritable origine du chant diatonique.

(*m*) Pour comparer le *ré* au *fa*, il n'y a qu'à comparer $\frac{9}{8}$ à $\frac{4}{3}$; le rapport de ces fractions ſera (*Note d*) celui de 9 fois 3 à 8 fois 4, c'eſt-à-dire de 27 à 32 : donc la tierce mineure de *ré* à *fa* n'eſt pas juſte, puiſque le rapport de 27 à 32 n'eſt pas le même que celui de 5 à 6, (*Note g*) ces deux rapports étant entr'eux comme 81 à 80.

48. De plus, cette échelle diatonique ne renferme que ſept ſons, & ne va pas juſqu'au *ſi* en haut, qui ſeroit l'octave du premier : nouvelle ſingularité dont on peut rendre raiſon par les principes établis ci-deſſus. En effet, pour que le ſon *ſi* ſuccédât immédiatement dans l'échelle au ſon *la*, il faudroit que le ſon *ſol*, qui eſt le ſeul d'où *ſi* puiſſe être tiré, ſuccédât immédiatement dans la baſſe fondamentale au ſon *fa*, qui eſt le ſeul d'où *la* puiſſe être tiré. Or la ſucceſſion diatonique de *fa* à *ſol* ne peut avoir lieu dans la baſſe fondamentale, ſuivant ce qu'on a démontré dans le Chapitre III. *Art.* 36. Donc les ſons *la* & *ſi* ne ſçauroient ſe ſuccéder immédiatement dans l'échelle : nous verrons dans la ſuite pourquoi cela n'eſt pas ainſi dans la gamme *ut*, *ré*, *mi*, *fa*, *ſol*, *la*, *ſi*, *UT*, qui commence par *ut*; au lieu que l'échelle dont il s'agit ici commence par *ſi*.

49. Auſſi les Grecs, pour former l'octave entiere, ajoûtoient au-deſſous du premier *ſi*, le ſon *la*, qu'ils diſtinguoient & ſéparoient du reſte de l'échelle, & qu'ils appelloient par cette raiſon *proſlambanomene*, c'eſt-à-dire corde ou ſon *ſur-ajoûté au-devant* de l'échelle.

50. L'échelle diatonique *ſi*, *ut*, *ré*, *mi*, *fa*, *ſol*, *la*, eſt compoſée de deux tétracor-

des, c'est-à-dire de deux échelles diatoniques de quatre sons chacune, *si*, *ut*, *ré*, *mi*; & *mi*, *fa*, *sol*, *la* : ces deux tétracordes sont parfaitement semblables; car du *mi* au *fa*, il y a même intervalle que du *si* à l'*ut*; du *fa* au *sol*, le même que de l'*ut* au *ré*; du *sol* au *la*, le même que du *ré* au *mi* (*n*); voilà pourquoi les Grecs distinguoient ces deux tétracordes, & les joignoient cependant par le son *mi*, qui leur est commun, ce qui leur a fait donner le nom de *tétracordes conjoints*.

51. De plus, les intervalles de deux sons quelconques, pris dans chaque tétracorde en particulier, sont parfaitement justes : ainsi dans le premier tétracorde les intervalles *ut mi* & *si ré*, sont des tierces, l'une majeure, l'autre mineure, parfaitement justes, aussi-bien que la quarte *si mi* (*o*); il en est de même dans le tétracorde *mi*, *fa*, *sol*, *la*,

(*n*) Le rapport du *si* à l'*ut* est de $\frac{15}{16}$ à 1, c'est-à-dire de 15 à 16; celui du *mi* au *fa* est de $\frac{5}{4}$ à $\frac{4}{3}$, c'est-à-dire (*Note d*) de 5 fois 3 à 4 fois 4, ou de 15 à 16 : donc ces deux rapports sont égaux. De même le rapport de *ut* à *re* est celui de 1 à $\frac{9}{8}$ ou de 8 à 9; celui de *fa* à *sol* est de $\frac{4}{3}$ à $\frac{3}{2}$, c'est-à-dire (*Note d*) de 8 à 9. Le rapport de *mi* à *ut* est de $\frac{5}{4}$ à 1 ou de 5 à 4; celui de *la* à *fa* est de $\frac{5}{3}$ à $\frac{4}{3}$, c'est-à-dire de 5 à 4 : donc, &c.

(*o*) L'intervalle de *mi* à *ut* est de $\frac{5}{4}$ à 1 ou de 5 à 4, tierce majeure juste; celui de *re* à *si* est de $\frac{9}{8}$ à $\frac{15}{16}$, c'est-à-dire de 9 fois 16 à 15 fois 8, ou de 9 fois 2 à 15, ou de 6 à 5;

puisque

puisque ce tétracorde est parfaitement semblable au premier.

52. Mais il n'en est pas de même quand on compare deux sons pris dans les deux tétracordes ; car nous avons déjà vû que le son *ré* du premier tétracorde fait avec le son *fa* du second une tierce mineure qui n'est pas juste. On trouvera de même que la quinte de *ré* à *la* n'est pas parfaitement juste, ce qui est évident : car la tierce majeure de *fa* à *la* est juste, & la tierce mineure de *ré* à *fa* ne l'est pas ; or pour former une quinte juste, il faut une tierce majeure & une tierce mineure qui soient parfaitement justes l'une & l'autre.

53. De-là il s'ensuit que tout est absolument parfait dans chaque tétracorde pris en particulier ; mais qu'il y a altération d'un tétracorde à l'autre. Nouvelle raison pour distinguer l'échelle en ces deux tétracordes.

54. On peut s'assurer par le calcul, que dans le tétracorde *si*, *ut*, *ré*, *mi*, l'intervalle ou le ton du *ré* au *mi* est un peu moindre que l'intervalle ou le ton de l'*ut* au *ré* (*p*) ; de mê-

On trouve de même que le rapport de *mi* à *si* est de $\frac{5}{4}$ à $\frac{15}{16}$, c'est-à-dire de 5 fois 16 à 15 fois 4, ou de 4 à 3 ; ce qui donne une quarte juste.

(*p*) Le rapport de *ré* à *ut* est $\frac{9}{8}$; celui de *mi* à *ré* est le rapport de $\frac{5}{4}$ à $\frac{9}{8}$, c'est-à-dire de 40 à 36, ou de 10 à 9 ;

me dans le second tétracorde *mi*, *fa*, *sol*, *la*; qui est, comme nous l'avons prouvé, parfaitement semblable au premier, le ton du *sol* au *la* est un peu moindre que le ton du *fa* au *sol*; c'est pour cette raison qu'on distingue deux sortes de *tons*, le ton majeur comme d'*ut* à *ré*, de *fa* à *sol*, &c. & le ton mineur comme de *ré* à *mi*, de *sol* à *la*, &c.

CHAPITRE VI.

Formation de l'échelle diatonique des Modernes, ou gamme ordinaire.

55. NOus venons de montrer dans le Chapitre précédent, comment se forme l'échelle des Grecs, *si*, *ut*, *ré*, *mi*, *fa*,

or $\frac{10}{9}$ differe moins de l'unité que $\frac{9}{8}$; donc l'intervalle de *ré* à *mi* est un peu moindre que celui de *ut* à *ré*.

Si on veut sçavoir le rapport de $\frac{10}{9}$ à $\frac{9}{8}$, on trouvera (*Note d*) que c'est celui de 8 fois 10 à 9 fois 9, c'est-à-dire de 80 à 81. Ainsi la différence du ton mineur au ton majeur est de 80 à 81; cette différence est ce que les Grecs ont appellé *comma*. Elle est insensible à l'oreille, quoique réelle.

On peut remarquer que cette différence d'un *comma* se trouve entre la tierce mineure juste & harmonique, & la tierce mineure altérée *ré fa*, que nous avons remarqué dans l'échelle (*Note m*); car nous avons vû que cette tierce mineure alterée est dans le rapport de 80 à 81 avec la tierce mineure juste.

ſol, *la*, par le moyen d'une baſſe fondamentale compoſée ſeulement des trois ſons *fa*, *ut*, *ſol* : mais pour former l'échelle *ut*, *ré*, *mi*, *fa*, *ſol*, *la*, *ſi*, *UT*, qui eſt en uſage aujourd'hui, il faut néceſſairement ajoûter à la baſſe fondamentale le ſon *ré*, & former avec les quatre ſons *fa*, *ut*, *ſol*, *ré*, la baſſe fondamentale ſuivante,

ut, *ſol*, *ut*, *fa*, *ut*, *ſol*, *ré*, *ſol*, *ut*, *Voyez* E

d'où l'on tire le chant ou la gamme

ut, *ré*, *mi*, *fa*, *ſol*, *ſol*, *la*, *ſi*, *UT*.

(*q*) En effet, *ut* de la gamme appartient à l'harmonie d'*ut* qui lui répond dans la baſſe ; *ré*, qui eſt le ſecond ſon de la gamme, appartient à l'harmonie de *ſol*, ſecond ſon de la baſſe ; *mi*, troiſiéme ſon de la gamme, appartient à l'harmonie d'*ut*, troiſiéme ſon de la baſſe, *&c.*

(*q*) Les valeurs des ſons ſeront les mêmes dans cette échelle que dans la premiere, à l'exception du *la* ; car *ré* étant $\frac{9}{8}$, ſa quinte ſera $\frac{27}{16}$: de ſorte que l'échelle ſera

1	$\frac{9}{8}$	$\frac{5}{4}$	$\frac{4}{3}$	$\frac{3}{2}$	$\frac{27}{16}$	$\frac{15}{8}$	2
ut,	*ré*,	*mi*,	*fa*,	*ſol*,	*la*,	*ſi*,	*UT*,

où l'on voit que le *la* de cette échelle eſt différent de celui de l'échelle des Grecs, & que le rapport de ces deux *la* eſt celui de $\frac{27}{16}$ à $\frac{5}{3}$, c'eſt-à-dire de 81 à 80 : donc ces deux *la* different encore d'un *comma*.

56. De-là il s'ensuit que l'échelle diatonique des Grecs est plus simple que la nôtre, du moins à quelques égards, puisque l'échelle des Grecs est formée du seul mode d'*ut*, (*Chap. V.*) au lieu que la nôtre est primitivement & originairement formée du mode d'*ut* (*fa*, *ut*, *sol*,) & du mode de *sol*, (*ut*, *sol*, *ré*.)

Aussi voit-on que cette derniere échelle est composée de deux parties, dont l'une, *ut*, *ré*, *mi*, *fa*, *sol*, est dans le mode d'*ut*, & l'autre, *sol*, *la*, *si*, *ut*, est dans le mode de *sol*.

57. C'est pour cette raison que le son *sol* se trouve répété deux fois de suite dans cette gamme ; la premiere comme quinte d'*ut* qui lui répond dans la basse fondamentale ; la seconde, comme octave de *sol*, qui suit immédiatement *ut* dans cette basse. Du reste ces deux *sol* consécutifs sont d'ailleurs parfaitement à l'unisson : c'est pour cela qu'on se contente d'en dire un seul quand on chante la gamme *ut*, *ré*, *mi*, *fa*, *sol*, *la*, *si*, *UT* : mais cela n'empêche pas qu'on ne pratique un repos exprimé ou sous-entendu, après le son *fa*. Il n'y a personne qui ne s'en apperçoive en entonnant soi-même la gamme.

58. Donc l'échelle des Modernes peut être regardée comme composée de deux

tétracordes disjoints & parfaitement ſemblables, *ut*, *ré*, *mi*, *fa*, & *ſol*, *la*, *ſi*, *ut*, l'un dans le mode d'*ut*, l'autre dans celui de *ſol*. Au reſte, nous verrons dans la ſuite par quel artifice on peut faire que l'échelle *ut*, *ré*, *mi*, *fa*, *ſol*, *la*, *ſi*, *UT*, ſoit regardée comme appartenante au ſeul mode d'*ut*. Il faut pour cela faire quelques changemens à la baſſe fondamentale que nous venons de donner : c'eſt ce qui ſera expliqué plus au long.

59. L'introduction du mode de *ſol* dans la baſſe fondamentale fait que les trois tons *fa*, *ſol*, *la*, *ſi*, peuvent ſe ſuccéder immédiatement dans l'échelle, ce qui ne ſçauroit avoir lieu (*Art. 48.*) dans l'échelle des Grecs, parce qu'elle eſt formée du ſeul mode d'*ut*. D'où il s'enſuit :

1°. Qu'on change de mode toutes les fois qu'on entonne trois tons de ſuite.

2°. Que ſi on entonne ces trois tons de ſuite dans la gamme *ut*, *ré*, *mi*, *fa*, *ſol*, *la*, *ſi*, *UT*, ce ne peut être qu'à la faveur d'un repos exprimé ou ſous-entendu après le ſon *fa* ; enſorte que les trois tons *fa*, *ſol*, *la*, *ſi*, ſont cenſés appartenir à deux tétracordes différens.

60. On ne doit donc plus être étonné de l'eſpece de difficulté qu'on éprouve à enton-

ner naturellement trois tons de ſuite, puiſque l'on ne ſçauroit le faire ſans changer de mode, & que ſi on reſte dans le même mode, le quatriéme ſon au-deſſus du premier ſon ne ſera jamais ſupérieur que d'un demi-ton au ſon qui le précede, comme on le voit dans *ut*, *ré*, *mi*, *fa*, & dans *ſol*, *la*, *ſi*, *ut*, où il n'y a qu'un demi-ton de *mi* à *fa*, & de *ſi* à *ut*.

61. On peut encore obſerver dans l'échelle *ut*, *ré*, *mi*, *fa*, que la tierce mineure du *ré* au *fa* n'eſt pas juſte, par les raiſons qui ont déjà été expoſées (*Art. 46.*) Il en eſt de même de la tierce mineure *la ut*, & de la tierce majeure *fa la* : mais chacun de ces ſons fait d'ailleurs des conſonances parfaitement juſtes avec les ſons correſpondans de la baſſe fondamentale.

62. Les tierces *la ut*, *fa la*, qui étoient juſtes dans la premiere échelle, ſont fauſſes dans celle-ci, parce que dans la premiere échelle *la* étoit tierce de *fa*, & qu'ici il eſt quinte de *ré* qui lui répond dans la baſſe fondamentale.

63. Ainſi on voit que l'échelle des Grecs renferme moins de conſonances alterées que la nôtre (*r*), & cela vient encore de l'intro-

(*r*) Dans l'échelle des Grecs, le *la* étant tierce du *fa*, on a une quinte altérée entre *la* & *ré* ; mais dans la nôtre,

duction du mode de *sol* dans la basse fondamentale.

On voit aussi que la valeur de *la* dans l'échelle diatonique, valeur sur laquelle les Auteurs ont été partagés, dépend uniquement de la basse fondamentale, & qu'elle sera différente selon que ce *la* aura *fa* ou *ré* pour basse. *Voyez la note* (*q*).

CHAPITRE VII.

Du tempérament.

64. L'Altération que nous venons d'observer entre certains sons de l'échelle diatonique, nous conduit naturellement à parler du tempérament. Pour en donner une idée nette, & en faire sentir la nécessité, supposons que l'on ait un instrument à touche, un clavecin, par exemple, composé de plusieurs octaves ou gammes, dont chacune renferme ses douze demi-tons.

Prenons dans ce clavecin une des cordes qui rend le son *UT* (*Voyez* F) & accordons

la étant quinte du *ré*, donne deux tierces alterées *fa la* & *la ut*, & une quinte aussi altérée *la mi*, comme nous le verrons dans le Chapitre suivant. Ainsi il y a dans notre échelle deux intervalles de plus d'alterés que dans l'échelle des Grecs.

la corde *SOL* à la quinte parfaitement juſte d'*UT* en montant ; accordons enſuite à la quinte juſte de ce dernier *SOL* le *RE* qui eſt au-deſſus, il eſt évident que ce *RE* ſera dans la gamme au-deſſus de celle d'où l'on eſt parti : mais il eſt évident auſſi que ce *RE* aura dans la gamme d'où l'on eſt parti, un *ré* qui lui répond & qu'il faudra accorder à l'octave juſte au-deſſous du *RE* qui fait la quinte de *SOL* ; de ſorte que le *ré* de la premiere gamme ſera la quarte juſte au-deſſous du *SOL* de cette même gamme. On accordera enſuite le ſon *LA* de la premiere gamme à la quinte juſte de ce dernier *ré*, puis le ſon *MI* de la gamme au-deſſus à la quinte juſte de ce nouveau *LA*, & par conſéquent le *mi* de la premiere gamme à la quarte juſte au-deſſous de ce même *LA* : cela fait, on trouvera que le dernier *mi*, ainſi accordé, ne ſera pas la tierce majeure du ſon *UT* (*ſ*) ; c'eſt-à-dire, qu'il eſt impoſſible que *mi* puiſſe faire en même tems la tierce

(*ſ*) Le *LA* conſideré comme quinte du *ré* eſt $\frac{27}{16}$, & la quarte au-deſſous de ce *LA* eſt les $\frac{3}{4}$ de $\frac{27}{16}$, c'eſt-à-dire $\frac{81}{64}$; donc $\frac{81}{64}$ ſera la valeur de *mi* conſideré comme quarte juſte de *LA*, en deſcendant : or *mi*, conſideré comme tierce majeure du ſon *UT*, eſt $\frac{5}{4}$ ou $\frac{80}{64}$: donc ces deux *mi* ſont entr'eux dans le rapport de 81 à 80 ; ainſi il eſt impoſſible que *mi* ſoit à-la-fois la tierce majeure juſte d'*UT*, & la quarte juſte au-deſſous de *LA*.

majeure juſte d'*UT* & la quinte juſte de *LA* ou, ce qui revient au même, la quarte juſte de *LA* en deſcendant.

65. Il y a plus : ſi après avoir accordé ſucceſſivement & alternativement à la quinte & à la quarte juſte l'une de l'autre, les cordes *UT*, *SOL*, *ré*, *LA*, *mi*, on continue à accorder ſucceſſivement par quintes & par quartes juſtes les cordes *mi*, *ſi*, *fa* ※, *ut* ※, *ſol* ※, *ré* ※, *la* ※, *mi* ※, *ſi* ※, on trouvera qu'il s'en faut beaucoup que ce *ſi* ※ ne faſſe l'octave juſte du premier *UT*, & qu'il eſt plus haut que cette octave (*t*) ; cepen-

(*t*) En effet, ſi on accorde ainſi alternativement les quintes & les quartes dans une même octave, voici quel ſera le procedé de l'opération.

UT, *SOL* quinte, *ré* quarte, *LA* quinte, *mi* quarte, *ſi* quinte, *fa* ※ quarte, *ut* ※ quinte, *ſol* ※ quarte, *RE* ※ quinte, *la* ※ quarte, *MI* ※ ou *FA* quinte, *ſi* ※ quarte ; or on trouve par un calcul très-facile, que le premier *UT* étant 1, *SOL* ſera $\frac{3}{2}$, *ré* $\frac{9}{8}$, *LA* $\frac{27}{16}$, *mi* $\frac{81}{64}$, &c. & ainſi de ſuite juſqu'à *ſi* ※, qu'on trouvera $\frac{531441}{262144}$. Cette fraction eſt évidemment plus grande que le nombre 2, qui indique l'octave juſte *ut* du ſon *UT* ; & l'octave au-deſſous de *ſi* ※, ſeroit la moitié de cette même fraction, c'eſt-à-dire $\frac{531441}{524288}$, qui eſt évidemment plus grande que *UT*, repréſenté par l'unité. Cette derniere fraction $\frac{531441}{524288}$ eſt composée de deux nombres : le haut de la fraction n'eſt aaute choſe que le nombre 3 multiplié 11 fois de ſuite par lui-même ; & le bas eſt le nombre 2 multiplié 18 fois de ſuite par lui-même. Or il eſt évident que cette fraction, qui exprime la valeur du *ſi* ※, n'eſt point égale à l'unité qui exprime la valeur du ſon *UT*, quoique ſur le clavecin

dant ce *si* ※ sur le clavecin ne doit point être différent de l'octave au-dessus de *UT*; car tous les *si* ※ & les *UT* sont la même

le *si* ※ & l'*UT* soient confondus. Cette fraction surpasse l'unité de $\frac{7153}{524288}$, c'est-à-dire d'environ $\frac{1}{73}$, & cette différence a été nommée *comma de Pythagore*. Il est visible que ce *comma* est beaucoup plus considérable que celui dont nous avons déjà parlé (*Note p*), & qui n'est que $\frac{1}{80}$.

On vient de prouver que la progression des quintes donne un *si* ※ différent de l'*ut*. La progression des tierces majeures en donne un autre encore plus différent. Car supposons cette progression *ut*, *mi*, *sol* ※, *si* ※, on aura *mi* égal à $\frac{5}{4}$, *sol* à $\frac{25}{16}$ & *si* à $\frac{125}{64}$, dont l'octave au-dessous est $\frac{125}{128}$; d'où l'on voit que ce dernier *si* est plus petit que l'unité (c'est-à-dire que *UT*) de $\frac{3}{128}$ ou de $\frac{1}{42}$ à peu-près. Nouveau comma beaucoup plus fort que le précédent, & que les Grecs ont nommé *apotome majeur*.

De plus, si après avoir trouvé le *sol* ※ $\frac{25}{16}$, on accorde ensuite par quintes & par quartes, *sol* ※, *ré* ※, *la* ※, *mi* ※, *si* ※, comme nous avons fait pour la premiere progression des quintes, on trouve que le *si* ※ sera $\frac{2025}{2048}$; donc sa différence avec l'unité, c'est-à-dire avec *UT*, est $\frac{23}{2048}$, c'est à-dire environ $\frac{1}{89}$, comma plus petit que tous les précédens, & que les Grecs ont nommé *apotome mineur*.

Enfin, si après avoir trouvé *mi* égal à $\frac{5}{4}$ dans la progression des tierces, on accorde ensuite par quintes & par quartes, *mi*, *si*, *fa* ※, *ut* ※, &c. on parviendra à un nouveau *si* ※, qui sera $\frac{32805}{32768}$, & qui ne differera de l'unité que d'environ $\frac{1}{885}$, dernier comma, le plus petit de tous : mais il faut observer que dans ce cas, les tierces majeures de *mi* à *sol* ※, de *sol* ※ à *si* ※ ou *ut*, &c. sont très-fausses, & très-altérées.

chose, puisque l'octave ou la gamme n'y est formée que de douze demi-tons.

66. De-là il s'ensuit nécessairement : 1°. qu'il est impossible que toutes les octaves & toutes les quintes soient justes à-la-fois, principalement dans les instrumens à touche, où l'on ne connoît point d'intervalles plus petits que le demi-ton : 2°. qu'il faut par conséquent, si on accorde les quintes justes, altérer les octaves ; or la ressemblance qu'il y a entre un son & son octave, ne nous permet pas une telle altération : cette ressemblance fait que l'octave sert de bornes aux intervalles, & que tout ce qui est contenu par de-là la gamme ordinaire, n'est que la *réplique*, c'est-à-dire la répétition de tout ce qui a précedé. C'est pourquoi, si on se permettoit une fois d'altérer l'octave, il n'y auroit plus de point fixe dans l'harmonie ni dans la mélodie. Il faut donc de nécessité absolue accorder le dernier *ut* ou *si* ✕ à l'octave juste du premier ; d'où il s'ensuit que dans la progression des quintes, ou, ce qui est la même chose, dans la suite alternative des quintes & des quartes *UT*, *SOL*, *ré*, *LA*, *mi*, *si*, *fa* ✕, *ut* ✕, *sol* ✕, *ré* ✕, *la* ✕, *mi* ✕, *si* ✕, il est nécessaire que toutes les quintes soient altérées, ou du moins quelques-unes. Or n'y ayant point de

raiſon pour altérer l'une préférablement à l'autre, il s'enſuit que nous devons les altérer toutes également. Par ce moyen l'altération ſe trouvant également répanduë ſur toutes les quintes, ſera preſque imperceptible pour chacune, & ainſi la quinte qui eſt après l'octave, la plus parfaite de toutes les conſonances, & que nous ſommes forcés d'altérer, ne le ſera que le moins qu'il eſt poſſible.

67. Il eſt vrai que les tierces ſeront un peu dures, mais la tierce étant un intervalle moins conſonant que la quinte, il eſt néceſſaire, dit M. Rameau, d'en ſacrifier la juſteſſe à celle de la quinte; car plus un intervalle eſt conſonant, plus l'altération en déplaît à l'oreille : la moindre altération dans l'octave eſt inſupportable.

68. Cette altération des intervalles dans les inſtrumens à touche, & même dans les inſtrumens ſans touche, eſt ce qu'on appelle *tempérament*.

69. Il réſulte donc de tout ce que nous venons de dire, que la théorie du tempérament ſe réduit à cette queſtion.

Etant donnée la ſuite alternative des quintes & des quartes *UT*, *SOL*, *ré*, *LA*, *mi*, *ſi*, *fa* ✕, *ut* ✕, *ſol* ✕, *ré* ✕, *la* ✕, *mi* ✕, *ſi* ✕, dans laquelle *ſi* ✕ ou *ut*, n'eſt pas l'octave juste du premier *UT*, on propose d'altérer également toutes les quintes de maniere que les deux *ut* soient parfaitement à l'octave l'un de l'autre.

70. Pour résoudre cette question, on commencera par mettre les deux *ut* parfaitement à l'octave l'un de l'autre, ensuite de quoi on rendra le plus égaux qu'il sera possible tous les demi-tons dont l'octave est composée. Par-là (*u*) toutes les quintes seront chacune très-peu

(*u*) Tous les demi-tons étant égaux dans le tempérammment que M. Rameau propose, il s'ensuit que les douze demi-tons *ut*, *ut* ※, *ré*, *ré* ※, *mi*, *mi* ※, &c. formeront une progression géométrique continue, c'est-à-dire, une suite dans laquelle *ut* sera à *ut* ※ dans le même rapport que *ut* ※ à *re*, que *ré* à *ré* ※, &c. & ainsi de suite.

Ces douze demi-tons sont formés par une suite de treize sons dont *UT* & son octave *ut* sont le premier & le dernier. Ainsi pour trouver par le calcul la valeur de chaque son dans le tempérament dont il s'agit, la question se réduit à trouver entre les nombres 1 & 2 onze autres nombres qui fassent avec 1 & 2, une progression géométrique continue.

Pour peu qu'on ait d'usage du calcul, on trouvera facilement chacun de ces nombres, ou du moins sa valeur approchée. En voici l'expression que les Mathématiciens reconnoitront facilement, & que les autres peuvent passer.

UT	*ut* ※	*ré*	*ré* ※	*mi*	*fa*	*fa* ※	*sol*	*sol* ※
1	$\sqrt[12]{2}$	$\sqrt[12]{2^2}$	$\sqrt[12]{2^3}$	$\sqrt[12]{2^4}$	$\sqrt[12]{2^5}$	$\sqrt[12]{2^6}$	$\sqrt[12]{2^7}$	$\sqrt[12]{2^8}$

la	*la* ※	*si*	*ut*
$\sqrt[12]{2^9}$	$\sqrt[12]{2^{10}}$	$\sqrt[12]{2^{11}}$	$\sqrt[12]{2^{12}}$.

altérées, & le feront toutes également.

71. Voilà en quoi confifte la théorie du tempérament : mais comme il feroit difficile dans la pratique d'accorder un clavecin ou une orgue, en rendant ainfi tous les demitons égaux, M. Rameau, dans fa *Génération harmonique*, nous a donné le moyen fuivant pour altérer toutes les quintes le plus également qu'il eft poffible.

72. Prenez telle touche du clavecin qu'il

Il eft vifible que toutes les quintes font également altérées dans ce tempérament. On peut de plus prouver qu'elles ne le font chacune que très-peu ; car on trouvera par exemple, que la quinte d'*ut* à *fol*, qui devroit être $\frac{3}{2}$, doit être diminuée d'environ $\frac{1}{12}$ de $\frac{1}{73}$, c'eft-à-dire de $\frac{1}{876}$, quantité d'une petiteffe extrême.

Il eft vrai que les tierces majeures feront un peu plus altérées ; car la tierce majeure d'*ut* à *mi*, par exemple, fera trop forte d'environ $\frac{1}{100}$: mais il vaut mieux que l'altération tombe fur la tierce que fur la quinte qui eft, après l'octave, l'intervalle le plus parfait, & dans lequel on doit ne s'écarter de la jufteffe que le moins qu'il eft poffible.

D'ailleurs, on a vû par la progreffion des tierces majeures *ut*, *mi*, *fol* ※, *fi* ※, que ce dernier *fi* ※ differe beaucoup de l'*ut* (*Note r*) ; d'où il s'enfuit que fi on veut mettre ce dernier *fi* ※ à l'uniffon de l'octave d'*ut* & altérer en même tems chacune des tierces majeures le moins qu'il eft poffible, il faut les altérer toutes également ; c'eft ce qui arrive dans le tempéramment que nous propofons ; & fi la tierce y eft plus altérée que la quinte, c'eft une fuite de la différence qui fe trouve entre le degré de perfection de ces intervalles, différence à laquelle le tempérament propofé fe conforme pour ainfi dire. Ainfi cette différence d'altération eft plûtôt un avantage qu'un inconvénient.

vous plaira vers le milieu du clavier, par exemple *UT*; accordez-en la quinte *SOL* d'abord fort juſte, puis diminuez-la imperceptiblement; accordez enſuite la quinte juſte de cette quinte ainſi diminuée, puis diminuez imperceptiblement cette ſeconde quinte, & procedez ainſi d'une quinte à l'autre en montant; & comme l'oreille n'apprétie pas ſi exactement les ſons trop aigus, il faut, quand vos quintes commenceront à devenir trop aigues, accorder juſte l'octave au-deſſous de la derniere quinte que vous venez d'accorder, puis vous continuerez toûjours de même; & vous arriverez enfin à une derniere quinte *mi* ✕, *ſi* ✕, qui doit ſe trouver d'accord d'elle-même, c'eſt-à-dire, qui doit être telle que *ſi* ✕ le plus aigu des deux ſons qui la forment, ſoit le ſon même *UT*, par lequel vous avez commencé, ou du moins l'octave parfaitement juſte de ce ſon; il faudra donc eſſayer ſi cet *UT* ou ſon octave fait une quinte juſte avec le dernier ſon *mi* ✕ ou *fa* que l'on a accordé. Si cela eſt, on peut être aſſuré que le clavecin eſt bien d'accord: mais ſi cette derniere quinte n'eſt pas juſte, en ce cas, ou elle ſera trop forte, & c'eſt une marque que l'on a trop diminué les autres quintes, ou du moins quelques-unes; ou la quinte ſera trop foible, & c'est une marque qu'on ne les a pas assez diminuées. Il faudra donc revenir sur ses pas jusqu'à ce que la derniere quinte soit d'accord d'elle-même (x).

(x) Au reste, nous devons avoüer avec M. Rameau, que ce tempérament s'écarte beaucoup de celui qui est en usage : voici en quoi ce dernier consiste pour l'orgue & le clavecin. On commence par l'*ut* du milieu du clavier, & on affoiblit les quatre premieres quintes *sol*, *ré*, *la*, *mi*, jusqu'à ce que *mi* fasse la tierce majeure juste avec *ut*; partant ensuite de ce *mi*, on accorde les quintes *si*, *fa* ※, *ut* ※, *sol* ※, mais en les affoiblissant moins que les premieres, de maniere que *sol* ※ fasse à peu près la tierce majeure juste avec *mi*. Quand on est arrivé au *sol* ※ on s'arrête; on reprend le premier *ut*, on accorde sa quinte *fa* en descendant, puis la quinte *si* ♭, &c. & on renforce un peu toutes ces quintes jusqu'à ce qu'on soit arrivé au *ré* ♭, qui doit faire en descendant la quinte juste, ou à très-peu près, avec le *sol* ※ déjà accordé.

Si dans le tempérament ordinaire on rencontre des tierces moins altérées que dans celui de M. Rameau, en récompense les quintes y sont beaucoup plus fausses, & plusieurs tierces le sont aussi; de maniere que sur un clavecin accordé par le tempérament ordinaire, il y a cinq ou six modes insupportables, & dans lesquels on ne peut rien exécuter. Au contraire, dans le tempérament de M. Rameau, tous les modes sont également parfaits, nouvelle preuve en sa faveur, puisque le tempérament est principalement nécessaire pour passer d'un mode dans un autre sans que l'oreille soit choquée; par exemple du mode d'*ut* au mode de *sol*, du mode de *sol* au mode de *ré*, &c Je sçai bien que cette uniformité dans les modulations paroîtra un défaut à la plûpart des Musiciens; car ils s'imaginent qu'en faisant les demi-tons de la gamme inégaux, ils donnent à chaque mode un caractere particulier, de maniere que, selon eux, la gamme d'*ut*,

ut, *ré*, *mi*, *fa*, *sol*, *la*, *si*, *UT*,

Par

Par cette pratique tous les douze ſons qui compoſent une des gammes ſeront accordés; il n'y aura plus qu'à accorder parfaitement juſtes leurs octaves dans les autres gammes, & le clavecin ſera bien d'accord.

Nous avons donné cette regle pour le tempérament, d'après M. Rameau, & c'eſt aux Artiſtes deſintéreſſés à en juger. Quoi qu'il en ſoit, & quelque eſpece de tempérament qu'on adopte, les altérations qu'il cauſera dans l'harmonie ne ſeront que peu ou point ſenſibles à l'oreille, qui uniquement

n'eſt pas parfaitement ſemblable à la gamme ou échelle diatonique du mode de *mi*,

mi, *fa* ※, *ſol* ※, *la*, *ſi*, *ut* ※, *ré* ※, *mi*;

ce qui rend, ſelon eux, le mode d'*ut* & le mode de *mi* propres à des expreſſions différentes. Mais après tout ce que nous avons dit dans cet ouvrage ſur la formation du genre diatonique, on doit être convaincu que, ſuivant l'intention de la nature, l'échelle diatonique doit être parfaitement la même dans tous les modes; l'opinion contraire, dit M. Rameau, eſt un préjugé de Muſicien. Le caractere d'un air vient principalement de l'entrelacement des modes, de la meſure plus ou moins vive, du ton plus ou moins grave, plus ou moins fort qu'on aſſigne au ſon principal ou générateur du mode, & des cordes plus ou moins belles, plus ou moins ſourdes qui s'y rencontrent.

Enfin, le dernier avantage de notre tempérament, c'eſt qu'il eſt conforme, ou du moins qu'il differe peu de celui que l'on pratique ſur les inſtrumens ſans touche, comme la viole & le violon, où l'on préfere la juſteſſe des quintes & des quartes à celle des tierces & des ſixtes; tempérament qui paroit contradictoire à celui qu'on obſerve d'ordinaire ſur le clavecin.

occupée de la baſſe fondamentale & de s'accorder avec elle, tolere ſans peine ces altérations, ou plûtôt n'y fait aucune attention, parce qu'elle ſupplée d'elle-même à ce qui manque aux intervalles pour être juſtes.

Deux expériences ſimples & journalieres fortifient ce que nous avançons. Ecoutez une voix qui chante accompagnée de différens inſtrumens; quoique le tempérament de la voix, & celui de chacun de ces inſtrumens different tous entr'eux, cependant vous ne ſerez nullement affecté de l'eſpece de cacophonie qui devroit en réſulter, parce que l'oreille ſuppoſe juſtes des intervalles dont elle n'apprétie point la différence.

Autre expérience. Enfoncez les trois touches de l'orgue, *mi*, *ſol*, *ſi*, vous n'entendrez que l'accord parfait mineur, quoique *mi*, par la conſtruction de cet inſtrument, faſſe toûjours reſonner *ſol* ※; que *ſol* faſſe reſonner *ré*; & *ſi*, *fa* ※; de ſorte que l'oreille eſt affectée à-la-fois de tous ces ſons, *ré*, *mi*, *fa* ※, *ſol*, *ſol* ※, *ſi*: que de diſſonnances à-la-fois, & quel deſagrément en réſulteroit-il pour l'oreille, ſi l'accord parfait dont elle eſt préoccupée, ne ſervoit pas à l'en diſtraire?

CHAPITRE VIII.

Des repos ou cadences.

73. DAns une baſſe fondamentale qui marche par quintes, il y a toûjours, ou il peut y avoir toûjours repos d'un ſon à l'autre : mais le repos eſt plus ou moins marqué, & par conſéquent plus ou moins parfait. Si on monte de quinte, ſi on va, par exemple d'*ut* à *ſol*, c'eſt le générateur qui paſſe à l'une de ſes quintes, & cette quinte préexiſtoit déjà dans le générateur : mais le générateur n'exiſte plus dans cette quinte ; & l'oreille, pour qui ce générateur eſt le principe de toute l'harmonie & de toute la mélodie, deſire d'y revenir. Ainſi le paſſage d'un ſon à ſa quinte en montant, eſt appellé *repos imparfait* ou *cadence imparfaite* : mais le paſſage d'un ſon à ſa quinte en deſcendant, comme de *ſol* à *ut*, eſt appellé *cadence parfaite* ou *repos abſolu* ; c'eſt le produit qui retourne au générateur, & qui ſe retrouve dans ce générateur même avec lequel il reſonne (*Chap. I*).

74. Parmi les repos abſolus, il y en a, pour ainſi dire, de plus abſolus, c'eſt-à-dire

de plus parfaits les uns que les autres. Ainsi dans la basse fondamentale

ut, *sol*, *ut*, *fa*, *ut*, *sol*, *ré*, *sol*, *ut*;

qui donne, comme nous avons vû, l'échelle diatonique des Modernes, il y a repos absolu de *ré* à *sol*, comme de *sol* à *ut*; cependant ce dernier repos absolu est plus parfait que le précédent, parce que l'oreille préoccupée du mode d'*ut* par l'impression multipliée du son *ut* qu'elle a déjà entendu trois fois auparavant, desire de revenir à ce générateur *ut*; & c'est ce qu'elle fait par le repos absolu *sol ut*.

75. Au reste, il ne faut pas confondre ce qu'on appelle vulgairement *cadence* dans la mélodie avec ce que nous venons de nommer *cadence* dans l'harmonie.

Dans le premier cas, ce mot ne signifie qu'un *tremblement* de la voix; dans le second, il signifie un *repos*. Il est vrai cependant que les tremblemens dans la voix indiquent ou du moins annoncent assez souvent un repos ou actuel ou prochain dans la basse fondamentale.

76. Puisqu'il y a repos d'un son à l'autre dans la basse fondamentale, il y aussi repos d'un son à l'autre dans l'échelle diatonique qui en est tirée, & qui représente cette basse;

& comme le repos abſolu *ſol ut*, terminé par le générateur *ut*, eſt le plus parfait de tous dans la baſſe fondamentale, le repos de *ſi* à *ut*, qui lui répond dans la gamme, & qui eſt auſſi terminé par le générateur, eſt par cette raiſon le plus parfait de tous dans l'ordre diatonique en montant.

77. C'eſt donc une loi dictée par la nature même, que quand on veut monter diatoniquement au générateur d'un mode, on ne le peut que par le moyen de la tierce majeure de la quinte de ce générateur. Cette tierce majeure qui forme avec le générateur un demi-ton, a été par cette raiſon appellée *note ſenſible*, comme annonçant le générateur, & préparant le plus parfait de tous les repos.

Nous avons déjà prouvé que la baſſe fondamentale eſt le principe de la mélodie. Nous ferons encore voir dans la ſuite, que l'effet du repos dans la mélodie vient uniquement de la baſſe fondamentale.

CHAPITRE IX.

Du mode mineur.

78. IL a été prouvé (*Chap. II.*) que la nature donne immédiatement le mode majeur par la resonnance du corps sonore, & qu'elle indique le mode mineur par le frémissement de la douziéme & de la dix-septiéme majeure au-dessous du son principal. Nous avons vû de plus que cette douziéme & cette dix-septiéme, en frémissant, se divisent, l'une en trois, l'autre en cinq parties égales ; de sorte que si la corde *CF* (*Voyez C & l'article 23. ci-dessus*) venoit à resonner dans son état de frémissement, les trois parties *CKD*, *DHE*, *EGF*, donneroient chacune le même son, comme si ces trois parties étoient trois cordes différentes fixes en *C*, *D*, *E*, *F*. Or l'on sçait par l'expérience, que le son rendu par une corde *CD*, fixe en *C* & en *D*, & qui seroit le tiers de la corde *CF*, seroit la douziéme au-dessus du son rendu par la corde totale *CF*. Donc, puisque le son rendu par la corde totale *CF*, est, par l'hypothese, la douziéme au-dessous du son principal, il s'ensuit que le son rendu par cha-

cune des trois parties de cette corde *C D*, seroit le son principal lui-même. Donc, puisque la corde *C F* se divise en frémissant dans les trois parties *C D*, *D E*, *E F*, il s'ensuit que si cette corde venoit à resonner, elle ne rendroit que l'unisson du son principal. Il en est de même de la dix-septiéme *L M* (*voy*. C.)

79. Donc la nature, en nous indiquant le mode mineur par le frémissement de cette douziéme & de cette dix-septiéme, nous ramene en même tems, autant qu'il est possible, au son principal *ut*, pour former le genre ou mode mineur; puisque si cette douziéme & cette dix-septiéme resonnoient en frémissant, elles ne rendroient que le son principal *ut*.

80. A la vérité le son principal ne pourra l'être dans le nouveau mode, puisque *ut* ne fait resonner que la tierce majeure *mi*, & non la mineure *mi* ♭ : mais au défaut de cette place, il occupera celle qui est ici en quelque maniere la principale, en ce quelle constitue le nouveau genre, & en fait la différence d'avec le majeur. Le son *ut* deviendra donc la tierce mineure du son fondamental, lequel sera par conséquent *la*. De plus la tierce majeure *mi* du son *ut* deviendra la quinte du son fondamental; & c'est la quinte, comme nous l'avons vû, qui donne la loi dans

l'harmonie, & dans la mélodie ; ainſi le principe *ut* a toute la part qu'il peut avoir à la formation du nouveau genre.

81. On voit de plus combien il y a de liaiſon entre le genre mineur *la ut mi*, & le genre majeur *ut mi ſol*, puiſque ces genres ont deux ſons communs *ut*, *mi*.

La même choſe s'obſerve dans les adjoints de ces deux modes, c'eſt-à-dire (*Art.* 40) dans les modes de leurs quintes en montant, & en deſcendant ; car les adjoints d'*ut*, ſçavoir *fa* & *ſol*, donnent les deux genres ou modes majeurs *fa la ut*, & *ſol ſi ré*, & les adjoints de *la*, ſçavoir *ré* & *mi*, donnent les deux modes mineurs *ré fa la*, & *mi ſol ſi*, qui ont chacun deux ſons communs avec les deux précédens.

82. Ainſi le ſeul mode majeur d'*ut* en produit cinq autres qui lui ſont plus ou moins relatifs.

On voit de plus, que quand on paſſe d'un mode à un autre par l'intervalle de tierce, ſoit en montant, ſoit en deſcendant, comme d'*ut* à *mi*, ou d'*ut* à *la* ; de *mi* à *ut*, ou de *la* à *ut*, le mode, de majeur devient mineur, ou de mineur devient majeur.

83. On pourroit nous faire ici deux objections auxquelles il eſt bon de répondre, quoique la ſolution s'en déduiſe aſſez facilement de nos principes.

Premiere Objection. Nous venons de faire voir que par la génération du mode mineur, les ſons *ut* & *la* pouvoient ſe ſuccéder dans une baſſe fondamentale ; cependant nous avons dit plus haut que les deux accords parfaits *ut mi ſol ut*, *ré fa* ✕ *la ré*, ne peuvent ſe ſuccéder, parce que *la* du ſecond accord ne peut ſuccéder à *ut* : comment accorder tout cela ? En voici le dénouement.

Dans la ſucceſſion des deux accords parfaits *ut mi ſol ut*, *ré fa* ✕ *la ré*, *la* étant néceſſairement quinte de *ré*, forme avec *ut*, comme nous l'avons vû, une tierce mineure fort altérée, qui fait que l'oreille ſe prête avec peine à cette ſucceſſion, ſur laquelle rien ne peut la diſtraire. Au contraire dans la ſucceſſion des accords *ut mi ſol ut*, *la ut mi la*, les ſons *ut* & *mi* joints avec le ſon *la* font prendre ce *la* pour la tierce mineure juſte d'*ut* ; de ſorte que l'oreille ſatisfaite & trompée tout-à-la-fois par les ſons *ut* & *mi* communs aux deux accords, ſupplée, pour ainſi dire, d'elle-même à ce qui manque au ſon *la* pour qu'il ſoit la tierce mineure d'*ut* parfaitement juſte.

Seconde Objection. Nous avons obſervé, Chapitre premier, que *ut mi ſol* donnant le mode majeur, *fa la* ♭ *ut* donnoit le mode mineur ; cependant le mode mineur *fa la* ♭

ut, n'eſt nullement analogue au mode majeur d'*ut* ; & d'ailleurs, il paroît que nous abandonnons enſuite nous-mêmes ce mode *fa la* ♭ *ut*, pour y ſubſtituer celui de *la*, *la ut mi*, que la nature ne donne pas.

Voici la réponſe à ces deux obſervations. 1°. Le mode mineur de *fa* n'eſt pas ſi étranger qu'il le paroît au mode majeur d'*ut*. Il eſt très-poſſible de faire ſuivre immédiatement, & agréablement pour l'oreille, deux airs dont l'un appartienne au mode majeur d'*ut*, l'autre au mode mineur de *fa*. M. Rameau l'a exécuté dans la belle Sarabande de *Pigmalion*, & le Rigaudon précédent. 2°. La nature ne fait que nous *indiquer* le mode mineur par le frémiſſement des cordes *fa* & *la* ♭, ou plûtôt de leurs octaves : mais par la maniere dont ces cordes frémiſſent, elle nous ramene, autant qu'il eſt poſſible, au ſon *ut*, comme nous l'avons déjà obſervé ; de ſorte qu'elle nous force, pour ainſi dire, à donner à *ut* dans le nouveau mode, la place de tierce mineure, qui eſt la principale de toutes celles qu'il y peut occuper.

84. Dans tout mode majeur ou mineur, le ſon principal portant l'accord parfait majeur ou mineur, eſt appellé *tonique*; ainſi *ut* eſt *tonique* dans le mode d'*ut*, *la* dans celui de *la*, &c.

CHAPITRE X.

De l'échelle diatonique du mode mineur.

85. Nous avons fait voir comment les trois sons *fa*, *ut*, *sol*, donnent l'échelle *si*, *ut*, *ré*, *mi*, *fa*, *sol*, *la*, du mode majeur, Voyez D. par le moyen de la basse fondamentale *sol*, *ut*, *sol*, *ut*, *fa*, *ut*, *fa* : prenons de même les trois sons *ré*, *la*, *mi*, qui constituent le mode de *la*, & formons-en cette basse fondamentale toute semblable à la précédente ; *mi*, Voyez G. *la*, *mi*, *la*, *ré*, *la*, *ré* : mettons ensuite au-dessus de chacun de ces sons un de leurs sons harmoniques, comme nous avons fait (*Chap. V.*) pour la premiere échelle du mode majeur, avec cette différence que nous ferons porter la tierce mineure aux sons *ré* & *la* de la basse fondamentale pour caractériser le mode mineur ; & nous aurons l'échelle diatonique du mode mineur,

sol ♯, *la*, *si*, *ut*, *ré*, *mi*, *fa*.

Le *sol* ♯ qui répond au *mi* de la basse fondamentale fait avec ce *mi* une tierce majeure, quoique le mode soit mineur, par la raison que la tierce de la quinte du son fondamentale doit être majeure (*Art.* 77.) dès que cette tierce monte au son fondamental *la*.

86. On remarque cette premiere différence entre l'échelle

sol ✕, *la*, *si*, *ut*, *ré*, *mi*, *fa*,

& l'échelle qui lui répond dans le mode majeur,

si, *ut*, *ré*, *mi*, *fa*, *sol*, *la*,

que du *mi* au *fa*, qui sont les deux derniers sons de la premiere échelle, il n'y a qu'un demi-ton; au lieu que du *sol* au *la*, qui sont les deux derniers sons de la seconde, il y a un ton entier : mais ce n'est pas la seule différence qui se trouve entre les échelles des deux modes.

87. Pour développer ces différences, & en faire sentir la raison, nous commencerons par former une nouvelle échelle diatonique du mode mineur, semblable à la seconde échelle du mode majeur,

Voyez E. *ut*, *ré*, *mi*, *fa*, *sol*, *sol*, *la*, *si*, *ut*.

Cette derniere échelle, comme nous l'avons vû, a été formée par le moyen de la basse fondamentale *fa ut sol ré*, disposée en cette sorte,

ut, *sol*, *ut*, *fa*, *ut*, *sol*, *ré*, *sol*, *ut*.

Prenons de même la baſſe fondamentale *ré la mi ſi*, & diſpoſons-la de la maniere ſuivante,

la, *mi*, *la*, *ré*, *la*, *mi*, *ſi*, *mi*, *la*, Voyez H.

elle nous donnera l'échelle que voici :

la, *ſi*, *ut*, *ré*, *mi*, *mi*, *fa* ♯, *ſol* ♯, *la*,

dans laquelle *ut* fait une tierce mineure avec *la*, qui lui répond dans la baſſe fondamentale ; ce qui déſigne le mode mineur : & au contraire *ſol* ♯ fait une tierce majeure avec *mi* de la baſſe fondamentale, parce que *ſol* ♯ monte au *la* (*Art.* 77.).

88. On voit de plus dans cette échelle un *fa* ♯, qui ne ſe trouve point dans la premiere,

ſol ♯, *la*, *ſi*, *ut*, *ré*, *mi*, *fa*,

où le *fa* eſt naturel. C'eſt que dans la premiere échelle *fa* eſt tierce mineure du *ré* de la baſſe, & que dans la ſeconde, *fa* ♯ eſt quinte du *ſi* de la baſſe.

89. Ainſi les deux échelles du mode mineur ſont encore à cet égard bien plus différentes entr'elles que les deux échelles du mode majeur ; car on ne remarque point cette différence d'un demi-ton entre les deux échelles du mode majeur. Nous avons ſeulement

obſervé (*Art.* 63.) quelque différence entre la valeur du *la* dans les deux échelles, mais elle eſt bien au-deſſous d'un demi-ton.

90. De-là on voit pourquoi le *fa* & le *ſol* ſont diézes en montant dans le mode mineur ; auſſi le *fa* n'eſt-il naturel dans la premiere échelle *ſol* ✕, *la*, *ſi*, *ut*, *ré*, *mi*, *fa*, que parce que ce *fa* ne ſçauroit monter au *ſol* ✕ (*Art.* 48).

91. Il n'en n'eſt pas de même en deſcendant ; car la quinte *mi* du générateur ne doit porter la tierce majeure *ſol* ✕, que dans le cas où cette quinte *mi* deſcend au générateur *la* pour former un repos parfait (*Art.* 77), & en ce cas la tierce majeure *ſol* ✕ monte au générateur *la*. Mais la baſſe fondamentale *la mi*, peut donner en deſcendant, l'échelle *la ſol* naturel, pourvû que *ſol* ne remonte point au *la*. De même la baſſe *ré la*, donne *fa mi* en deſcendant.

92. On voit par-là pourquoi le *ſol* & le *fa* peuvent être naturels & non diézes en deſcendant dans le mode mineur.

93. Au reſte, dans l'échelle diatonique du mode mineur en deſcendant *la*, *ſol*, *fa*, *mi*, *ré*, *ut*, *ſi*, *la*, on peut regarder *ſol* comme une note *de paſſage* ajoûtée ſimplement pour le goût du chant, & pour deſcendre diatoniquement au *fa* naturel : on le voit aiſé-

ment par cette basse fondamentale,

la, *ré*, *la*, *ré*, *la*, *mi*, *la*,

qui donne

la, *fa*, *mi*, *ré*, *ut*, *si*, *la*;

qu'on peut regarder comme la véritable échelle du mode mineur en descendant, dans laquelle on ajoûte *sol* naturel entre *la* & *fa*, pour conserver l'ordre diatonique.

CHAPITRE XI.

De la dissonance.

94. ON a déjà observé que le mode d'*ut* (*fa*, *ut*, *sol*) a deux sons communs avec le mode de *sol* (*ut*, *sol*, *ré*), & deux sons communs avec le mode de *fa* (*si* ♭, *fa*, *ut*); par conséquent cette marche de basse *ut sol*, peut appartenir au mode d'*ut*, ou au mode de *sol*, comme la marche de basse *fa ut* ou *ut fa* peut appartenir au mode d'*ut*, ou au mode de *fa*. Donc, quand on passe d'*ut* à *fa* ou à *sol* dans une basse fondamentale, on ignore encore jusque-là dans quel mode on est. Il seroit pourtant avantageux de le sçavoir, & de pouvoir par quel-

que moyen distinguer le générateur de ses quintes.

95. On parviendra à cet avantage en joignant ensemble les sons *sol* & *fa* dans une même harmonie, c'est-à-dire en joignant à l'harmonie *sol*, *si*, *ré* de la quinte *sol*, l'autre quinte *fa* en cette maniere, *sol*, *si*, *ré*, *fa*; ce *fa* ajoûté étant la septiéme de *sol*, fait dissonance avec *sol* (*Art.* 18.) : c'est pour cette raison que l'accord *sol*, *si*, *ré*, *fa*, est appellé *accord dissonant*, ou *accord de septiéme*. Il sert à distinguer la quinte *sol* du générateur *ut*, qui porte toûjours sans mélange, & sans altération, l'accord parfait *ut*, *mi*, *sol*, *ut* donné par la nature même (*Art.* 32.). Par-là on voit que quand on passe d'*ut* à *sol*, on passe en même tems d'*ut* à *fa*, parce que *fa* se trouve compris dans l'accord de *sol*, & le mode d'*ut* se trouve par ce moyen entierement déterminé, parce qu'il n'y a que ce mode auquel les sons *fa* & *sol* appartiennent à-la-fois.

96. Voyons maintenant ce que nous ajoûterons à l'harmonie *fa*, *la*, *ut* de la quinte *fa* au-dessous du générateur, pour distinguer cette harmonie de celle du générateur. Il semble d'abord que l'on doive y ajoûter l'autre quinte *sol*, afin que le générateur *ut*, en passant à *fa*, passe en même-tems à *sol*, &

que

que le mode ſoit déterminé par-là : mais cette introduction de *ſol*, dans l'accord *fa la ut*, donneroit deux ſecondes de ſuite, *fa ſol*, *ſol la*, c'eſt-à-dire deux diſſonances dont l'union ſeroit trop deſagréable à l'oreille ; inconvénient qu'il faut éviter. Car ſi pour diſtinguer le mode, nous altérons l'harmonie de cette quinte *fa* dans la baſſe fondamentale, il faut ne l'altérer que le moins qu'il eſt poſſible.

97. C'eſt pourquoi au lieu de *ſol*, nous prendrons ſa quinte *ré*, qui eſt le ſon qui en approche le plus, & nous aurons pour la quinte *fa*, l'accord *fa la ut ré*, qu'on appelle *accord de grande ſixte*.

On peut remarquer ici l'analogie qui s'obſerve entre l'harmonie de la quinte *ſol*, & celle de la quinte *fa*.

98. La quinte *ſol* en montant au-deſſus du générateur a un accord tout compoſé de tierces en montant depuis *ſol*, *ſol*, *ſi*, *ré*, *fa* ; or la quinte *fa* étant au-deſſous du générateur *ut* en deſcendant, on trouvera en deſcendant d'*ut* vers *fa* par tierces, *ut*, *la*, *fa*, *ré*, qui contient les mêmes ſons que l'accord *fa*, *la*, *ut*, *ré*, donné à la quinte *fa*.

99. On voit de plus, que l'altération de l'harmonie des deux quintes ne conſiſte que dans la tierce mineure *ré fa*, ajoûtée de part & d'autre à l'harmonie de ces deux quintes.

CHAPITRE XII.

Du double emploi de la dissonance.

100. IL est évident par la ressemblance des sons avec leurs octaves, que l'accord *fa*, *la*, *ut*, *ré* est au fond le même que l'accord *ré*, *fa*, *la*, *ut*, & que cet accord *ré*, *fa*, *la*, *ut*, n'est lui-même, pris à rebours, que l'accord renversé *ut*, *la*, *fa*, *ré*, qui a été trouvé (*Art. 98.*) en descendant par tierces depuis le générateur *ut*.

101. L'accord *ré*, *fa*, *la*, *ut* est un accord de septiéme semblable à l'accord *sol*, *si*, *ré*, *fa*; avec cette seule différence que dans celui-ci la tierce *sol si* est majeure, au lieu que dans le second la tierce *ré fa* est mineure. Si le *fa* étoit diéze, l'accord *ré*, *fa* ♯, *la*, *ut*, seroit un vrai accord de *dominante* semblable à l'accord *sol*, *si*, *ré*, *fa*; & comme la dominante *sol* peut descendre à *ut* dans la basse fondamentale, la dominante *ré* portant la tierce majeure *fa* ♯, pourroit de même descendre à *sol*.

102. Or je dis que si on change le *fa* ♯ en *fa* naturel, la note fondamentale *ré* de cet accord *ré*, *fa*, *la*, *ut* pourra toûjours descen-

dre à *sol*; car le changement du *fa* ✱ en *fa* naturel, ne fera que conserver l'impression du mode d'*ut* au lieu de celle du mode de *sol*, que le *fa* ✱ y auroit introduite; du reste, le son *ré* conservera toûjours son caractere de dominante au moyen de la dissonance *ut*, qui en fait la septiéme. Ainsi dans cet accord, *ré*, *fa*, *la*, *ut*, *ré* peut être regardé comme une *dominante imparfaite*; je dis *imparfaite*, parce qu'elle porte la tierce mineure *fa*, au lieu de la majeure *fa* ✱; c'est pour cela que dans la suite je l'appellerai simplement *dominante* pour la distinguer de la dominante *sol*, qui sera nommée *dominante tonique*.

103. Ainsi les sons *fa* & *sol*, qui ne peuvent se succéder dans une basse diatonique, lorsqu'ils ne portent que les accords parfaits *fa la ut*, *sol si ré*, peuvent se succéder, si on joint *ré* à l'harmonie du premier, & *fa* à l'harmonie du second, & qu'on renverse le premier accord, c'est-à-dire, si on donne aux deux accords cette forme, *ré fa la ut*, *sol si ré fa*.

104. De plus, l'accord *fa*, *la*, *ut*, *ré* pouvant succéder à l'accord parfait *ut*, *mi*, *sol*, *ut*, il s'ensuit par les mêmes raisons que l'accord *ut*, *mi*, *sol*, *ut* pourra être suivi de *ré*, *fa*, *la*, *ut*; ce qui n'est point contraire à ce que nous avons dit ci-dessus (*Art.* 37.),

que les ſons *ut* & *ré* ne peuvent ſe ſuccéder diatoniquement dans la baſſe fondamentale ; car dans l'endroit cité, nous ſuppoſions que *ut* & *ré* portaſſent l'un & l'autre l'accord parfait majeur, au lieu que dans le cas préſent, *ré* porte la tierce mineure *fa*, & de plus le ſon *ut*, par lequel l'accord *ré*, *fa*, *la*, *ut* eſt lié avec celui qui le précede, *ut*, *mi*, *ſol*, *ut*, & dans lequel *ut* ſe trouve. D'ailleurs cet accord *ré*, *fa*, *la*, *ut*, n'eſt proprement que l'accord *fa*, *la*, *ut*, *ré* renverſé, &, pour ainſi dire, déguiſé.

105. Cette maniere de préſenter l'accord de la ſous-dominante ſous deux formes différentes, & de l'employer ſous ces deux différentes formes, a été nommée par M. Rameau, *double emploi* ; c'eſt la ſource d'une des plus belles variétés de l'harmonie ; & nous verrons dans le Chapitre ſuivant, les avantages qui en réſultent.

Au reſte, le double emploi étant une eſpece de licence, ne doit être employé qu'avec une ſorte de précaution : nous venons de voir que l'accord *ré*, *fa*, *la*, *ut*, conſidéré comme renverſé de *fa*, *la*, *ut*, *ré*, peut ſuccéder à *ut*, *mi*, *ſol*, *ut*, mais cela n'eſt pas réciproque ; & quoique l'accord *fa*, *la*, *ut*, *ré* puiſſe être ſuivi de *ut*, *mi*, *ſol*, *ut*, on n'eſt pas en droit d'en conclure que l'accord *ré*, *fa*, *la*, *ut*, conſidéré comme renverſé de *fa*, *la*, *ut*, *ré*, puiſſe être ſuivi de l'accord *ut*, *mi*, *ſol*, *ut*. On en dira la raiſon au Chapitre XVI.

CHAPITRE XIII.

Uſages & regles du double emploi.

106. NOus avons fait voir (*Chap. VI.*) comment l'échelle diatonique, ou gamme ordinaire, ſe forme de la baſſe fondamentale *fa*, *ut*, *ſol*, *ré*, en répétant deux fois le ſon *ſol* dans cette gamme ; de ſorte que cette gamme eſt primitivement & originairement composée de deux tétracordes ſemblables, l'un dans le mode d'*ut*, l'autre dans celui de *ſol*. Or on peut, au moyen du double emploi, conſerver l'impreſſion du mode d'*ut* dans toute l'étendue de la gamme, & ſe diſpenſer de répéter deux fois le ſon *ſol*, ou même de ſous-entendre cette répétition. Il ne faut pour cela que former la baſſe fondamentale ſuivante (*Voyez* I.)

ut, *ſol*, *ut*, *fa*, *ut*, *ré*, *ſol*, *ut*,

dans laquelle *ut* eſt cenſé porter l'accord parfait *ut mi ſol ut* ; *ſol*, l'accord *ſol ſi ré fa* ; *fa*, l'accord *fa la ut ré* ; & *ré*, l'accord *ré fa la ut*. Il eſt clair par ce qui a été dit dans le Chapitre précédent, que *ut* peut dans ce cas monter à *ré* dans la baſſe fondamentale, & *ré* deſcendre à *ſol*, & que l'impreſſion du mode d'*ut* eſt conſervée par le *fa* naturel qui forme la tierce mineure *ré fa*, au lieu de la majeure, que *ré* devroit naturellement porter.

107. Cette baſſe fondamentale donnera, comme il eſt évident, l'échelle diatonique ordinaire,

ut, *ré*, *mi*, *fa*, *ſol*, *la*, *ſi*, *UT*,

qui ſera par conſéquent dans le ſeul mode d'*ut*, & ſi on vouloit que le ſecond tétracorde fût dans le mode de *ſol*, il faudroit ſubſtituer le *fa* ✕ au *fa* naturel, dans l'harmonie de *ré*.

108. Ainſi le générateur *ut* peut être ſuivi à volonté en montant diatoniquement d'une dominante tonique (*ré*, *fa* ✕, *la*, *ut*), ou d'une ſimple dominante (*ré*, *fa*, *la*, *ut*).

109. Dans le mode mineur de *la*, la dominante tonique *mi* doit toûjours porter la tierce majeure *mi ſol* ✕, lorſque cette dominante *mi* deſcend au générateur *la* (*Art.* 77); & l'accord de cette dominante ſera *mi ſol* ✕ *ſi ré*, en tout ſemblable à *ſol ſi ré fa* : à l'égard de la ſous-dominante *ré*, elle portera

d'abord la tierce mineure *fa*, pour déſigner le mode mineur, & on ajoûtera *ſi* au-deſſus de ſon accord *ré fa la*, en cette ſorte *ré fa la ſi* : accord ſemblable à l'accord *fa la ut ré* ; & comme on a tiré de l'accord *fa la ut ré*, l'accord *ré fa la ut*, on tirera de même de l'accord *ré fa la ſi*, un nouvel accord de ſeptiéme, *ſi ré fa la*, qui ſera le double emploi dans le mode mineur.

110. On peut employer cet accord *ſi ré fa la*, pour conſerver l'impreſſion du mode de *la* dans l'échelle diatonique du mode mineur, & pour ſe diſpenſer de répeter deux fois le ſon *mi* : mais, en ce cas, il faudra rendre le *fa* diéze, & changer cet accord en *ſi ré fa* ✕ *la*, parce que la quinte de *ſi* eſt *fa* ✕, comme on a vû plus haut ; cet accord eſt alors renverſé de *ré fa* ✕ *la ſi*, où la ſous-dominante *ré* porte la tierce majeure, ce qui ne doit point ſurprendre. Car dans le mode mineur de *la*, le ſecond tétracorde *mi fa* ✕ *ſol* ✕ *la* ✕, eſt préciſément le même qu'il ſeroit dans le mode majeur de *la* ; or, dans le mode majeur de *la*, la ſous-dominante *ré* doit porter la tierce majeure *fa* ✕.

111. De-là on voit que le mode mineur eſt ſuſceptible d'un plus grand nombre de variétés que le mode majeur ; auſſi ce dernier mode eſt-il l'ouvrage de la nature ſeule, au lieu

que le mineur eſt en partie l'ouvrage de l'art. Mais en récompenſe le mode majeur a reçu de la nature, dont il eſt immédiatement formé, une force & une vigueur que le mineur n'a pas.

CHAPITRE XIV.

Des différentes ſortes d'accords de ſeptiéme.

112. LA diſſonance ajoûtée à l'accord de la dominante & de la ſous-dominante, quoiqu'indiquée en quelque maniere par la nature (*Chap. II.*), eſt cependant un ouvrage de l'art : mais comme elle produit de grandes beautés dans l'harmonie par la variété qu'elle y introduit, voyons ſi en conſéquence de ce premier pas, l'art ne pourroit pas encore aller plus loin.

113. Nous avons déjà trois différentes eſpeces d'accords de ſeptiéme, ſçavoir :

1°. L'accord *ſol ſi ré fa*, compoſé d'une tierce majeure ſuivie de deux tierces mineures.

2°. L'accord *ré fa la ut*, ou *ſi ré fa* ✕ *la*, compoſé d'une tierce majeure entre deux mineures.

3°. L'accord *ſi ré fa la*, compoſé de deux

tierces mineures ſuivies d'une majeure.

114. Il y a encore deux eſpeces d'accords de ſeptiéme qu'on employe dans l'harmonie ; l'un eſt compoſé d'une tierce mineure entre deux majeures, *ut mi ſol ſi*, ou *fa la ut mi* ; l'autre eſt tout compoſé de tierces mineures *ſol* ✕ *ſi ré fa*. Ces deux accords, qui d'abord ne paroiſſent point devoir entrer dans l'harmonie, ſi on s'en tient aux regles précédentes, ſont néanmoins ſouvent pratiqués avec ſuccès dans la baſſe fondamentale. En voici la raiſon.

115. Suivant ce qui a été dit ci-deſſus, ſi on veut ajoûter une ſeptiéme à l'accord *ut mi ſol*, pour faire de *ut* une dominante, on ne peut y ajoûter que *ſi* ♭, & en ce cas *ut mi ſol ſi* ♭, ſeroit l'accord de dominante tonique dans le mode de *fa*, comme *ſol ſi ré fa* eſt accord de dominante tonique dans le mode d'*ut* : mais ſi on veut conſerver l'impreſſion du mode d'*ut* dans l'harmonie, alors on change ce *ſi* ♭ en *ſi* naturel, & l'accord *ut mi ſol ſi* ♭ devient *ut mi ſol ſi*. Il en eſt de même de l'accord *fa la ut mi*, qui n'eſt autre choſe que l'accord *fa la ut mi* ♭, dans lequel on ſubſtitue au *mi* ♭, le *mi* naturel pour conſerver l'impreſſion du mode d'*ut*, ou du mode de *fa*.

116. A l'égard de l'accord de ſeptiéme *ſol*

※ *ſi ré fa*, tout compoſé de tierces mineures, on peut le regarder comme formé de la réunion des deux accords de la dominante & de la ſous-dominante dans le mode mineur. En effet, dans le mode mineur de *la*, par exemple, ces deux accords ſont *mi ſol* ※ *ſi ré*, & *ré fa la ſi*, dont la réunion donne *mi*, *ſol* ※, *ſi*, *ré*, *fa*, *la* : or, ſi on laiſſoit ſubſiſter ainſi cet accord, il ſeroit deſagréable à l'oreille, à cauſe des diſſonances multipliés *ré mi*, *mi fa*, *la ſol* ※, *la ſi*, *ré ſol* ※ (*Art.* 18.) ; de ſorte que pour éviter cet inconvénient, on retranche d'abord le générateur *la*, qui (*Chap. I.*) eſt comme ſous-entendu dans *ré*, & la quinte ou dominante *mi*, dont la note ſenſible *ſol* ※, eſt cenſée tenir la place ; ainſi il ne reſte plus que l'accord *ſol* ※ *ſi ré fa* tout compoſé de tierces mineures, & dans lequel la dominante *mi* eſt regardée comme ſous-entendue : de maniere que cet accord *ſol* ※ *ſi ré fa*, repréſente l'accord de dominante tonique *mi ſol* ※ *ſi ré*, auquel on a joint l'accord de ſous-dominante *ré fa la ſi*, mais dans lequel la dominante *mi* eſt toûjours cenſée la note principale.

117. Donc, puiſque de l'accord *mi ſol* ※ *ſi ré*, on paſſe à accord parfait *la ut mi la*, & réciproquement ; on peut de même paſſer

de l'accord *sol* ※ *si ré fa*, à l'accord *la ut mi la*, & passer de ce dernier accord à l'accord *sol* ※ *si ré fa* : cette remarque nous sera fort utile dans la suite.

CHAPITRE XV.

De la préparation des dissonances.

118. DAns tout accord de septiéme, la note supérieure, c'est-à-dire la septiéme au-dessus de la fondamentale, s'appelle *dissonance*; ainsi *fa* est la dissonance dans l'accord *sol si ré fa*, *ut* dans l'accord *ré fa la ut*, &c.

119. Quand l'accord *sol si ré fa* suit l'accord *ut mi sol ut*, comme cela peut arriver, & arrive souvent en effet, il est clair que la dissonance *fa* ne se trouve point dans l'accord précédent *ut mi sol ut* ; & en effet, elle ne doit point s'y trouver ; car cette dissonance n'est autre chose que la sous-dominante ajoûtée à l'harmonie de la dominante pour déterminer le mode : or, la sous-dominante ne se trouve point dans l'harmonie du générateur.

120. Par la même raison, quand l'accord de sous-dominante *fa la ut ré* suit l'accord *ut mi sol ut*, la note *ré*, qui forme dissonance

avec *ut*, ne ſe trouve point dans l'accord précédent.

Il n'en eſt pas de même quand l'accord *ré fa la ut* ſuit l'accord *ut mi ſol ut*; car *ut*, qui fait diſſonance dans le ſecond accord, ſe trouve comme conſonance dans le précédent.

121. En général la diſſonance étant un ouvrage de l'art (*Chap. XI.*), ſur-tout dans les accords qui ne ſont point de dominante tonique, ou de ſous-dominante, le ſeul moyen d'empêcher qu'elle ne déplaiſe en paroiſſant trop étrangere à l'accord, c'eſt qu'elle ſoit, pour ainſi dire, annoncée à l'oreille en ſe trouvant dans l'accord précédent, & qu'elle ſerve par-là à *lier* les deux accords : d'où ſuit la regle que voici :

122. Dans tout accord de ſeptiéme, qui n'eſt point accord de dominante tonique, c'eſt-à-dire (*Art. 102.*) qui n'eſt point compoſé d'une tierce majeure ſuivie de deux tierces mineures, la diſſonance qui forme cet accord doit ſe trouver comme conſonance dans l'accord qui précede.

C'eſt ce que l'on appelle *diſſonance préparée.*

123. De-là il s'enſuit que pour préparer la diſſonance, il faut néceſſairement que la baſſe fondamentale monte de ſeconde comme

ut mi ſol ut , ré fa la ut ,

ou deſcende de tierce comme

ut mi ſol ut , la ut mi ſol ,

ou deſcende de quinte comme

ut mi ſol ut , fa la ut mi :

dans tout autre cas la diſſonance ne ſera point préparée. C'eſt dequoi on peut s'aſſurer facilement. Si , par exemple , la baſſe fondamentale monte de tierce , comme *ut mi ſol ut , mi ſol ſi ré* , la diſſonance *ré* ne ſe trouve point dans l'accord *ut mi ſol ut*. Il en eſt de même de *ut mi ſol ut , ſol ſi ré fa* , & de *ut mi ſol ut , ſi ré fa la* , dans leſquels la baſſe fondamentale monte de quinte , ou deſcend de ſeconde.

124. Au reſte , lorſqu'une tonique , c'eſt-à-dire une note qui porte l'accord parfait , eſt ſuivie d'une dominante par l'intervalle de quinte ou de tierce , on peut regarder cette marche comme une marche de cette même tonique à une autre tonique , que l'on a rendu dominante en y ajoûtant la diſſonance.

De plus , nous avons vû (*Art. 119 & 120.*) que la diſſonance n'a pas beſoin d'être préparée dans les accords de dominante tonique , & de ſous-dominante ; d'où il s'enſuit que toute tonique portant l'accord parfait majeur, peut être changée en dominante tonique, ou en ſous-dominante, en y ajoûtant tout d'un coup la diſſonance.

CHAPITRE XVI.

De la regle de ſauver les diſſonances.

125. NOus avons vû (*Chap. V. & VI.*) comment l'échelle diatonique, ſi naturelle à la voix, ſe forme par les harmoniques des ſons fondamentaux; d'où il s'enſuit que la ſucceſſion la plus naturelle des ſons harmoniques eſt d'être diatonique: donc pour faire en quelque ſorte de la diſſonance un ſon harmonique le plus qu'il eſt poſſible, il faut que cette diſſonance, dans la partie de chant où elle ſe trouve, deſcende ou monte diatoniquement ſur une autre note, qui ſoit l'une des conſonances de l'accord ſuivant.

126. Or elle doit plûtôt deſcendre que monter: en voici la raiſon. Prenons, par exemple, l'accord *ſol ſi ré fa* ſuivi de l'accord *ut mi ſol ut*; la partie qui a fait la diſſonance *fa* doit deſcendre au *mi* plûtôt que monter au *ſol*, quoique l'un & l'autre de ces ſons *mi* & *ſol* ſe trouvent dans l'accord ſui-

vant *ut mi ſol ut* ; parce qu'il eſt plus naturel que le *ſol* ſe trouve dans la même partie qui a déjà dit *ſol*, pendant que l'autre diſoit *fa*, comme onle voit ici (premiere & quatriéme parties).

Premiere partie,	.	*fa mi*,
Deuxieme ,	.	*ſi ut*,
Troiſiéme ,	.	*ré ut*,
Quatriéme,	.	*ſol ſol*,
Baſſe fondamentale,		*ſol ut*.

127. Par la même raiſon, dans l'accord *ré fa la ut*, ſuivi de *ſol ſi ré fa*, la diſſonance *ut* doit deſcendre à *ſi* plûtôt que de monter à *ré*.

128. Enfin, on prouvera par les mêmes raiſons, que dans l'accord de ſous-dominante *fa la ut ré*, la diſſonance *ré* doit monter au *mi* de l'accord ſuivant *ut mi ſol ut*, plûtôt que de deſcendre à *ut* ; d'où ſuivent ces regles.

129. 1°. Dans tout accord de dominante, ſoit tonique, ſoit ſimple, la note qui fait la ſeptiéme, c'eſt-à-dire la diſſonance, doit deſcendre diatoniquement ſur une des notes qui font conſonance dans l'accord ſuivant.

2°. Dans tout accord de ſous-dominante,

la diſſonance doit monter diatoniquement ſur la tierce de l'accord ſuivant.

130. Une diſſonance qui deſcend ou qui monte diatoniquement ſuivant ces deux regles, s'appelle *diſſonance ſauvée.*

Il réſulte de cette regle, que l'accord de ſeptiéme *ré fa la ut*, quand même on le regarderoit comme renverſé de *fa la ut ré*, ne peut être ſuivi de l'accord *ut mi ſol ut*, puiſqu'il n'y a point dans ce dernier accord de *ſi* ſur lequel puiſſe deſcendre la diſſonance *ut* de l'accord *ré fa la ut.*

On peut d'ailleurs trouver une autre raiſon de cette regle en examinant la nature du double emploi. En effet, pour paſſer de *ré fa la ut* à *ut mi ſol ut*, il faudroit que *ré fa la ut* pût en ce cas être cenſé renverſé de *fa la ut ré*. Or l'accord *ré fa la ut*, ne peut être cenſé renverſé de *fa la ut ré*, que lorſque cet accord *ré fa la ut* précede ou ſuit immédiatement l'accord *ut mi ſol ut*; dans tout autre cas l'accord *ré fa la ut* eſt un accord primitif formé de l'accord parfait mineur *ré fa la*, auquel on a ajoûté la diſſonance *ut*, pour ôter à *ré* le caractere de tonique; ainſi l'accord *ré fa la ut* ne pourroit être ſuivi de l'accord *ut mi ſol ut*, qu'après avoir été précédé de ce même accord. Or, en ce cas, *le double emploi* ſeroit une choſe tout-à-fait futile, & qui

qui ne produiroit rien, puisqu'au lieu de cette suite d'accords, *ut mi sol ut, ré fa la ut, ut mi sol ut*, il seroit beaucoup plus simple de substituer celle-ci que fournit la progression naturelle; *ut mi sol ut, fa la ut ré, ut mi sol ut*. L'usage du double emploi est de pouvoir, au moyen du renversement de l'accord de sous-dominante, passer de cet accord ainsi renversé, à un autre accord que l'accord de tonique, auquel il conduit naturellement.

CHAPITRE XVII.

De la cadence rompuë ou interrompuë.

131. DAns une basse fondamentale par quintes, il y a toûjours, comme on l'a déjà observé (*Chap. VIII.*), un repos plus ou moins parfait d'un son à l'autre; & par conséquent il y a aussi repos plus ou moins parfait d'un son à l'autre dans l'échelle diatonique qui résulte de cette basse. On peut démontrer par une expérience fort simple, que la cause du repos dans la mélodie est uniquement dans la basse fondamentale exprimée ou sous-entendue. Qu'une personne chante ces trois notes *ut ré ut*, en faisant sur le *ré* un tremblement appellé communé-

ment *cadence*, le chant lui paroîtra fini après le second *ut*, de maniere que l'oreille n'y desirera point de suite. Il en sera de même si on accompagne ce chant de sa basse fondamentale naturelle *ut sol ut*; mais si au lieu de cette basse on lui donne celle-ci, *ut sol la*, alors le chant *ut ré ut* ne paroîtra plus fini, & l'oreille lui desirera une suite. C'est une expérience aisée à faire.

132. Ce passage *sol la*, où la dominante *sol* monte diatoniquement sur le *la*, au lieu de descendre de quinte sur le générateur *ut*, comme elle le devroit naturellement, s'appelle *cadence rompuë*, parce que la cadence parfaite *sol ut*, à laquelle l'oreille s'attend après la dominante *sol*, est pour ainsi dire, rompuë & arrêtée par le passage de *sol* à *la*.

133. De-là il s'ensuit que si le chant *ut ré ut*. paroît fini quand on ne lui suppose aucune basse, c'est qu'on sous-entend sa basse fondamentale naturelle *ut sol ut*, puisque l'oreille desire une suite à ce chant, dès qu'elle est forcée d'entendre une autre basse.

134. La cadence rompuë peut, ce me semble, être regardée comme ayant son origine dans *le double emploi*, puisqu'elle ne consiste, comme le double emploi, que dans une marche diatonique de la basse en montant (*Chap. XII.*). En effet, rien n'empêche de

descendre de l'accord *sol si ré fa* à l'accord *ut mi sol la*, en rendant la tonique *ut* sous-dominante, c'est-à-dire, en passant tout d'un coup du mode d'*ut* dans le mode de *sol*; or descendre de *sol si ré fa* à *ut mi sol la*, c'est la même chose que de monter de l'accord *sol si ré fa* à l'accord *la ut mi sol*, en changeant l'accord de sous-dominante *ut mi sol la*, en accord de dominante imparfaite, suivant les loix du double emploi.

135. Dans cette sorte de cadence, la dissonance du premier accord se sauve en descendant diatoniquement sur la quinte de l'accord suivant. Par exemple, dans la cadence rompuë *sol si ré fa*, *la ut mi sol*, la dissonance *fa* se sauve en descendant diatoniquement sur la quinte *mi*.

136. Il est encore une autre espece de cadence appellée *cadence interrompuë*, ou la dominante descend de tierce sur une autre dominante, au lieu de descendre de quinte sur la tonique, comme dans cette marche de basse *sol si ré fa*, *mi sol si ré*; dans le cas de la cadence interrompuë, la dissonance du premier accord se sauve en descendant diatoniquement sur l'octave de la note fondamentale de l'accord suivant, comme on voit ici, où *fa* se sauve sur l'octave de *mi*.

137. La cadence interrompuë a aussi, ce

me ſemble, en quelque maniere ſon origine dans le double emploi ; car ſuppoſons ces deux accords conſécutifs *ſol ſi ré fa*, *ſol ſi ré mi*, où *ſol* eſt ſucceſſivement dominante tonique, & ſous dominante, c'eſt-à-dire où l'on paſſe du mode d'*ut* au mode de *ré* ; ſi on change le ſecond de ces accords en accord de dominante ſuivant les loix du double emploi, on aura la cadence interrompue *ſol ſi ré fa*, *mi ſol ſi ré*.

CHAPITRE XVIII.

Du genre chromatique.

138. LA ſucceſſion ou baſſe fondamentale par quintes donne le genre diatonique ordinaire (*Chap. VI.*) : or la tierce majeure étant une des harmoniques du ſon fondamental auſſi-bien que la quinte, il s'enſuit que nous pouvons former des baſſes fondamentales par tierces majeures, comme nous avons formé des baſſes fondamentales par quintes.

Voyez K. 139. Si donc nous formons cette baſſe *ut*, *mi*, *ſol* ✕, les deux premiers ſons portant chacun leurs tierces majeures & leurs quintes, il eſt évident que *ut* donnera *ſol*, & que *mi* donnera *ſol* ✳ : or le demi-ton qui ſe trouve entre ce *ſol* & ce *ſol* ✳ eſt beaucoup plus petit que le demi-ton qui ſe trouve dans l'échelle diatonique entre *mi* & *fa*, ou entre *ſi* & *ut* : on peut s'en aſſurer par le calcul (*y*); c'eſt pour cela que le demi-ton du *mi* au *fa* eſt appellé *majeur*, & l'autre *mineur* (*z*).

140. Si la baſſe fondamentale procédoit par tierces mineures, en cette ſorte, *ut mi* ♭,

(*y*) En effet *ut* étant 1, comme nous le ſuppoſons toûjours, *mi* eſt $\frac{5}{4}$, & *ſol* ✳ $\frac{25}{16}$: or *ſol* étant $\frac{3}{2}$, donc *ſol* ✳ ſera à *ſol* comme $\frac{25}{16}$ eſt à $\frac{3}{2}$, c'eſt-à-dire comme 25 fois 2 à 3 fois 16, ou comme 25 à 24 : donc le rappo t de *ſol* ✳ à *ſol* eſt de 25 à 24, intervalle beaucoup plus petit que celui de 16 à 15, qui conſtitue le demi-ton de *ut* à *ſi*, ou de *fa* à *mi* (*Note n*).

(*z*) On peut obſerver que le demi-ton mineur, joint avec le demi-ton majeur, forme le ton *mineur*, c'eſt-à-dire que ſi on monte, par exemple, du *mi* au *fa* par l'intervalle du demi-ton majeur, & enſuite du *fa* au *fa* ✳ par l'intervalle du demi-ton mineur, l'intervalle du *mi* au *fa* ✳ ſera un ton mineur ; car ſuppoſons que *mi* ſoit 1, *fa* ſera $\frac{16}{15}$, & *fa* ✳ ſera $\frac{25}{24}$ de $\frac{16}{15}$, c'eſt-à-dire 25 fois 16 diviſé par 24 fois 15, ou $\frac{10}{9}$; intervalle qui conſtitue le ton mineur (*Note p*).

A l'égard du ton majeur, on ne ſçauroit le former exactement par deux demi-tons ; car 1°. deux demi tons majeurs conſécutifs donneroient plus qu'un ton majeur : en effet $\frac{16}{15}$ multiplié par $\frac{16}{15}$ donne $\frac{256}{225}$, qui eſt plus grand que $\frac{9}{8}$, intervalle qui conſtitue le ton majeur : 2°. un demi-ton mineur & un demi-ton majeur donneroient moins que le ton majeur, puiſqu'ils donnent le ton mineur : 3°. à plus forte raiſon deux demi-tons mineurs donneroient encore moins.

ſucceſſion qui eſt permiſe dès qu'on a reconnu l'origine du mode mineur (*Chap. IX.*), on trouveroit ce chant *ſol*, *ſol* ♭, qui donneroit encore un demi-ton mineur (*aa*).

141. Le demi-ton mineur s'entonne avec beaucoup moins de facilité que le demi-ton majeur : nos principes en donnent la raiſon. Le demi-ton majeur, qui ſe trouve dans l'échelle diatonique, comme *mi fa*, vient d'une baſſe fondamentale par quintes *ut fa*, c'eſt-à-dire de la ſucceſſion la plus naturelle, & par cette raiſon la plus agréable à l'oreille. Au contraire, le demi-ton mineur vient de la ſucceſſion fondamentale par tierces, moins naturelle que la premiere ; auſſi pour entonner juſte le demi-ton mineur, on employe preſque toujours l'artifice ſuivant. Suppoſons, par exemple, qu'on veuille monter du *ſol* au *ſol* ✕, on monte d'abord du *ſol* au *la*, puis on deſcend du *la* au *ſol* ✕ par l'intervalle d'un demi-ton majeur ; car ce *ſol* dieze, qui eſt un demi-ton majeur au-deſſous de *la*, ſe trouve un demi-ton mineur au-deſſus de *ſol* (*Voyez les notes y & z*).

142. Toute progreſſion de la baſſe fonda-

(*aa*) En effet *mi* ♭ étant $\frac{6}{5}$, *ſol* ♭ ſera $\frac{6}{5}$ de $\frac{6}{5}$, c'eſt-à-dire (*Note d*) $\frac{36}{25}$, & *ſol* ſera $\frac{3}{2}$: or le rapport de $\frac{3}{2}$ à $\frac{36}{25}$ (*Note d*) eſt celui de 3 fois 25 à 2 fois 36, c'eſt-à-dire, de 25 à 24.

mentale par tierces, soit majeures, soit mineures, en montant ou en descendant, donne le demi-ton mineur : nous l'avons déjà vû de la progression des tierces en montant. La progression de tierces mineures en descendant, *ut*, *la*, donne *ut*, *ut* ♯ (*bb*), & la progression de tierces majeures en descendant, *ut*, *la* ♭, donne *ut*, *ut* ♭ (*cc*).

143. Le demi-ton mineur constitue le genre appellé *chromatique* ; & avec le genre diatonique, donné par la succession des quintes (*Chap. V & VI.*), il renferme toute la mélodie.

CHAPITRE XIX.

Du genre enharmonique.

144. LEs deux extrêmes *ut sol* ♯ de la basse fondamentale par tierces majeures, *ut mi sol* ♯, donnent ce chant *ut si* ♯, & ces deux sons *ut si* ♯ different entr'eux d'un petit intervalle appellé *quart de* *Voyez L.*

(*bb*) *La* étant $\frac{5}{6}$, *ut* ♯ est $\frac{5}{4}$ de $\frac{5}{6}$, c'est-à-dire $\frac{25}{24}$, & *ut* est 1 : donc le rapport de *ut* à *ut* ♯ est celui de 1 à $\frac{25}{24}$ ou de 24 à 25.

(*cc*) *La* ♭ étant $\frac{4}{5}$, *ut* ♭ est $\frac{6}{5}$ de $\frac{4}{5}$, c'est-à-dire $\frac{24}{25}$: donc le rapport de *ut* à *ut* ♭ est de 24 à 25.

ton enharmonique (*dd*), qui est la différence du demi-ton majeur au demi-ton mineur (*ee*);

(*dd*) *Sol* ✻ étant $\frac{25}{16}$, & *si* ✻ étant $\frac{5}{4}$ de $\frac{25}{16}$, on aura *si* ✻ égal (*Note d*) à $\frac{125}{64}$, & son octave au-dessous sera $\frac{125}{128}$ intervalle plus petit que l'unité de $\frac{3}{128}$ ou de $\frac{1}{42}$ environ : il s'en faut donc de cette fraction, que le *si* ✻ dont il s'agit ne soit le même que l'*ut*.

On a nommé cet intervalle *quart de ton*, & cette dénomination est fondée en raison. En effet, on peut distinguer dans la Musique quatre sortes de quarts de ton.

1°. Le quart du ton majeur : or le ton majeur étant $\frac{9}{8}$ & sa différence d'avec l'unité étant $\frac{1}{8}$, la différence de ce quart de ton avec l'unité sera à peu près le quart de $\frac{1}{8}$, c'est-à-dire $\frac{1}{32}$.

2°. Le quart du ton mineur; & comme le ton mineur, qui est $\frac{10}{9}$, differe de l'unité de $\frac{1}{9}$, le quart du ton mineur différera de l'unité d'environ $\frac{1}{36}$.

3°. La moitié du demi-ton majeur, & comme ce demi-ton differe de l'unité de $\frac{1}{15}$, sa moitié différera de l'unité d'environ $\frac{1}{30}$.

4°. Enfin, la moitié du demi-ton mineur, lequel differe de l'unité de $\frac{1}{24}$: donc sa moitié sera $\frac{1}{48}$.

Donc l'intervalle qui forme le quart de ton enharmonique, ne différant de l'unité que de $\frac{1}{42}$, peut avec raison être appellé *quart de ton*, puisqu'il differe moins de l'unité que le plus grand des quarts de ton, & plus que le plus petit.

(*ee*) C'est-à-dire, que si on monte du *mi* au *fa*, par exemple, en faisant un demi-ton majeur, & qu'ensuite revenant au *mi*, on monte par l'intervalle d'un demi-ton mineur à un autre son qui n'est point dans la gamme, & que j'appellerai *fa* +, les deux sons *fa* + & *fa* formeront un quart de ton enharmonique; car *mi* étant 1, *fa* sera $\frac{16}{15}$, & *fa* +, $\frac{25}{24}$: donc le rapport de *fa* + à *fa* est celui de $\frac{25}{24}$ à $\frac{16}{15}$.

ce quart de ton est inappréciable à l'oreille, & n'a point lieu dans nos instrumens. On trouve cependant moyen de le pratiquer de la maniere suivante, ou plûtôt d'en suppléer l'effet à l'oreille.

145. Nous avons expliqué (*Art. 116.*) de quelle maniere on introduit dans le mode mineur l'accord *sol* ※ *si ré fa*, tout composé de tierces mineures parfaitement justes, ou du moins supposées telles. Cet accord tenant lieu de l'accord de la dominante (*Art. 116.*) on peut passer de cet accord à celui de la tonique ou génératrice *la* (*Art. 117.*) : mais il faut remarquer,

1°. Que cet accord *sol* ※ *si ré fa*, tout composé de tierces mineures, peut se renverser des trois manieres suivantes, *si ré fa sol* ※, *ré fa sol* ※ *si*, *fa sol* ※ *si ré*, & que dans ces trois différens états, il demeurera toujours composé de tierces mineures, ou du moins, il ne s'en faudra que d'un quart de ton enharmonique que la tierce mineure entre *fa* & *sol* ※ ne soit juste ; car la tierce mineure juste, comme celle de *mi* à *sol* dans l'échelle diatonique, est composée d'un demi-ton *majeur* & d'un ton *majeur* : or, de *fa* à *sol* il y a un ton majeur, & de *sol* à *sol* ※, il n'y a qu'un de-

(*Note d*), c'est-à-dire, de 25 fois 15 à 16 fois 24, c'est-à-dire de 25 fois 5 à 16 fois 8, ou de 125 à 128.

mi-ton *mineur*. Donc (*Art.* 144.) il s'en faut un quart de ton enharmonique, que la tierce mineure *fa sol* ✕ ne soit juste.

2°. Mais comme ce quart de ton est inconnu sur nos instrumens, & inappréciable à l'oreille, l'oreille prend les trois différens accords,

si ré fa sol ✕,
ré fa sol ✕ *si*,
fa sol ✕ *si ré*,

qui ne sont que le même, pour des accords composés chacun de tierces mineures justes.

Or l'accord *sol* ✕ *si ré fa*, appartenant au mode mineur de *la*, où *sol* ✕ est la note sensible; l'accord *si ré fa sol* ✕, ou *si ré fa la* ♭, appartiendra par la même raison au mode mineur d'*ut*, où *si* est la note sensible. De même l'accord *ré fa sol* ✕ *si*, appartiendra au mode mineur de *mi* ♭, & l'accord *fa sol* ✕ *si ré*, au mode mineur de *sol* ♭.

Donc après avoir passé par le mode de *la* à l'accord *sol* ✕ *si ré fa* (*Article* 117.), on peut, au moyen de ce dernier accord, & en se contentant simplement de le renverser, passer ensuite tout d'un coup aux modes d'*ut* mineur, ou de *mi* ♭ mineur, ou de *sol* ♭ mineur, c'est-à-dire dans des modes qui n'ont rien ou presque rien de commun avec le mode mineur de *la*, & qui lui ſont totalement étrangers.

146. Il faut avoüer pourtant qu'un paſſage ſi bruſque, & ſi peu attendu, ne donne pas le change à l'oreille ; elle en eſt frappée ſans pouvoir s'en rendre raiſon ; & cette raiſon a ſon principe dans le quart de ton, que l'on néglige comme nul parce qu'il eſt inappréciable à l'oreille & dont néanmoins elle ne laiſſe pas de ſentir toute la dureté : mais le moment de la ſurpriſe paſſe bien-tôt, & cette ſurpriſe ſe tourne en admiration de ſe voir comme tranſporté tout d'un coup, & preſque ſans s'en être apperçu, d'un mode dans un autre qui ne lui eſt nullement relatif, & dans lequel on n'auroit jamais pû paſſer immédiatement par les ſucceſſions fondamentales ordinaires.

CHAPITRE XX.

Du genre diatonique enharmonique.

147. SI on forme une baſſe fondamentale qui monte alternativement de quinte & de tierce, comme *fa ut mi ſi*, cette baſſe donnera le chant *fa mi mi ré* ✕, dans lequel les demi-tons de *fa* à *mi*, & de *mi* à *Voyez M.*

ré ※, sont égaux (*ff*) & majeurs.

Ce genre de chant, dans lequel tous les demi-tons sont majeurs, s'appelle *diatonique enharmonique*, parce que deux demi-tons majeurs de suite forment un ton trop grand d'un quart de ton enharmonique.

CHAPITRE XXI.

Du genre chromatique enharmonique.

148. SI on passe alternativement d'une tierce mineure en descendant à une majeure en montant, comme *ut*, *ut*, *la*, *ut* ※, *ut* ※, on formera ce chant *mi* ♭, *mi*, *mi*, *mi*, *mi* ※, dans lequel tous les demi-tons sont mineurs (*gg*). Voyez N.

(*ff*) Il est visible que *fa* de la basse étant supposé 1, *fa* de l'échelle est 2, *ut* de la basse est $\frac{3}{2}$, & *mi* de l'échelle, $\frac{5}{4}$ de $\frac{3}{2}$, c'est-à-dire $\frac{15}{8}$: donc le rapport de *fa* à *mi* est celui de 2 à $\frac{15}{8}$, ou de 1 à $\frac{15}{16}$: or *mi* de la basse étant $\frac{5}{8}$ de $\frac{3}{2}$, ou $\frac{15}{16}$, *si* de la basse est $\frac{3}{4}$ de $\frac{15}{16}$, & *ré* ※ est $\frac{5}{4}$ de *si*. Donc *mi* est à *ré* ※ comme $\frac{15}{16}$ est à $\frac{15}{16}$ de $\frac{15}{16}$, c'est-à-dire, comme 16 est à 15 : donc les demi-tons de *fa* à *mi* & de *mi* à *ré* ※ sont majeurs l'un & l'autre.

(*gg*) Il est clair que *mi* ♭ est $\frac{6}{5}$ (*Note d*), & que *mi* est $\frac{5}{4}$: donc ces deux *mi* sont entr'eux comme $\frac{6}{5}$ à $\frac{5}{4}$, c'est-à-dire comme 6 fois 4 à 5 fois 5, ou comme 24 à 25, intervalle qui constitue le demi-ton mineur. De plus, le *la*

Ce genre eſt appellé *chromatique enharmonique*, parce que deux demi-tons mineurs de ſuite forment un ton trop foible d'un quart de ton enharmonique.

149. Ces nouveaux genres confirment ce que nous avons dit juſqu'ici, que tout l'effet de l'harmonie, & de la mélodie, réſide dans la baſſe fondamentale.

150. Le genre diatonique eſt le plus agréable, parce que la baſſe fondamentale qui le produit eſt formée de la ſeule progreſſion des quintes, qui eſt la plus naturelle de toutes.

151. Le chromatique formé par la progreſſion des tierces eſt le plus naturel après le précédent.

152. Enfin, l'enharmonique eſt le moins agréable de tous, parce que la baſſe fondamentale qui le donne, n'eſt point immédiatement indiquée par la nature. Le quart de ton qui conſtitue ce genre, & qui eſt par lui-même inappréciable à l'oreille, ne produit & ne peut produire d'effet qu'autant qu'on y ſous-entend la baſſe fondamentale qui la donne, baſſe dont la progreſſion n'eſt nullement naturelle, puiſqu'elle eſt formée

de la baſſe eſt $\frac{5}{6}$, & *ut* ✳ eſt les $\frac{5}{4}$ de $\frac{5}{6}$ ou $\frac{25}{24}$: donc le *mi* ✳ eſt les $\frac{5}{4}$ de $\frac{25}{24}$; donc le *mi* de l'échelle eſt encore au *mi* ✳ qui le ſuit, comme 24 à 25 : donc tous les demi-tons ſont mineurs dans cette échelle.

de deux ſons qui ne ſont pas voiſins l'un de l'autre dans la progreſſion des tierces (*Art.* 144.).

CHAPITRE XXII.

Que la mélodie naît de l'harmonie.

153. TOut ce que nous avons dit juſqu'ici eſt, ce me ſemble, plus que ſuffiſant pour nous convaincre que la mélodie a ſon principe dans l'harmonie, & que c'eſt dans l'harmonie exprimée ou ſous-entendue, qu'on doit chercher les effets de la mélodie.

154. Si on en doutoit encore, il ne faudroit que faire attention à l'expérience premiere (*Art.* 20.), où l'on voit que le ſon principal eſt toujours le plus grave, & que les ſons aigus qu'il engendre ſont par rapport à lui ce que le deſſus d'un chant eſt par rapport à ſa baſſe.

155. De plus, nous avons prouvé à l'occaſion de la cadence rompue, que la différence des baſſes produit des effets tout différens dans un chant qui d'ailleurs reſte le même.

156. En deſire-t-on d'autres preuves ? Il

n'y a qu'à examiner les différentes basses qu'on peut donner à ce chant très-simple, *sol ut*, on en trouvera un très-grand nombre, & chacune de ces différentes basses donnera un caractere différent au chant *sol ut*, quoique ce chant demeure toujours le même ; de maniere qu'on change toute la nature & tout l'effet d'un chant, en se contentant de changer sa basse fondamentale.

M. Rameau a fait voir dans son *nouveau système de Musique, page 44, Paris 1726*, que ce chant *sol ut*, peut avoir vingt basses fondamentales différentes. Or une même basse fondamentale, comme on le verra dans la seconde Partie, fournit plusieurs basses continues. Que de moyens par conséquent de varier l'expression du même chant !

REMARQUE GÉNÉRALE.

L'échelle diatonique ou gamme étant composée de douze demi-tons, il est visible que chacun de ces demi-tons en particulier peut être le générateur d'un mode, & qu'ainsi il y a vingt-quatre modes en tout, douze majeurs & douze mineurs. Nous avons pris le mode majeur d'*ut* pour représenter en général tous les modes majeurs, & le mode mineur de *la* pour représenter les mineurs, afin d'éviter l'embarras des diézes & des bémols qui ſe rencontrent en nombre plus ou moins grand dans les autres modes : mais les regles que nous avons données pour chaque mode ſont générales , quelque ſon de la gamme que l'on prenne pour le générateur d'un mode.

LIVRE SECOND.

LIVRE SECOND

Qui contient les principales regles de la composition.

157. LA composition, que l'on appelle aussi *contrepoint*, est non-seulement l'art de composer un chant agréable, mais encore de composer plusieurs chants de maniere qu'étant entendus ensemble ils produisent un effet agréable à l'oreille ; c'est ce que l'on appelle *faire de la Musique à plusieurs parties.*

158. La plus aigue de ces parties s'appelle *premier dessus*, ou simplement *dessus* ; la plus grave s'appelle *basse* ; les autres parties, quand il y en a, s'appellent *parties du milieu*, & se désignent par différens noms.

CHAPITRE PREMIER.

Des différens noms que l'on donne à un même intervalle.

159. NOus avons exposé (*Art.* 9.) dans l'introduction qui est à la tête de cet ouvrage, les noms les plus connus que l'on

donne aux différens intervalles : mais il y a certains intervalles qui reçoivent différens noms ſuivant les circonſtances ; ce qu'il eſt bon d'expliquer.

160. Un intervalle compoſé d'un ton & demi, qui s'appelle ordinairement *tierce mineure*, ſe nomme auſſi quelquefois *ſeconde ſuperflue* ; tel eſt l'intervalle de *ut* à *ré* ✕, ou celui de *la* à *ſol* ♭.

Cet intervalle eſt ainſi nommé, parce que l'un des ſons qui le forme eſt toujours diéze ou bémol, & que ſi on ôtoit ce diéze ou ce bémol, l'intervalle deviendroit de ſeconde.

161. Un intervalle compoſé de deux tons & de deux demi-tons, comme celui de *ſi* à *fa*, s'appelle *fauſſe quinte*. Cet intervalle eſt évidemment le même que le *triton* (*Art*. 9.), puiſque deux tons & deux demi-tons ſont la même choſe que trois tons. Il y a cependant des raiſons de les diſtinguer, comme on le verra plus bas.

162. Comme on a nommé ſeconde ſuperflue l'intervalle d'*ut* à *ré* ✕, on nomme de même *quinte ſuperflue* l'intervalle d'*ut* à *ſol* ✕, ou de *ſi* à *mi* ♭, intervalle compoſé de quatre tons. Cet intervalle eſt au fond le même que celui de ſixte mineure (*Art*. 9.) : mais dans la quinte ſuperflue, il y a toujours un ſon qui eſt diéze ou bémol, de maniere

que si on retranchoit le diéze ou le bémol, l'intervalle deviendroit une quinte juste.

163. Par la même raison un intervalle composé de trois tons & trois demi-tons, comme celui de *sol* ✕ à *fa*, s'appelle *septiéme diminuée*; parce que si on ôtoit le diéze du *sol*, l'intervalle *sol fa* deviendroit intervalle de septiéme ordinaire. L'intervalle de septiéme diminuée est d'ailleurs le même que celui de sixte majeure (*Art.* 9.).

164. La septiéme majeure s'appelle aussi quelquefois *septiéme superflue* (*hh*).

CHAPITRE II.

Comparaison des différens intervalles.

165. SI on entonne *ut si* en descendant de seconde, & ensuite *ut si* en montant de septiéme, ces deux *si* seront à l'octave l'un de l'autre, ou, comme on s'exprime ordinairement, seront la *réplique* l'un de l'autre.

166. Donc à cause de la ressemblance d'un

(*hh*) Le principal usage de ces différentes dénominations est de distinguer les accords : par exemple, l'accord de quinte superflue & celui de septiéme diminuée sont différens de l'accord de sixte ; l'accord de septiéme superflue, de celui de sixte majeure ; cela s'éclaircira par les Chapitres suivans.

ſon avec ſon octave (*Art.* 24.) , il s'enſuit que *monter de ſeptiéme* , ou *deſcendre de ſeconde* , c'eſt la même choſe.

167. De même , il eſt évident que la ſixte n'eſt que la réplique de la tierce , & la quarte que la réplique de la quinte.

168. Donc les expreſſions ſuivantes ſont ſynonymes , ou doivent être regardées comme ſynonymes.

Monter Deſcendre	de ſeconde.	Deſcendre Monter	de ſept^e.
Monter Deſcendre	de tierce.	Deſcendre Monter	de ſixte.
Monter Deſcendre	de quarte.	Deſcendre Monter	de quinte.

169. Ainſi nous employerons indifféremment les unes au lieu des autres ; de ſorte que quand nous dirons , par exemple , *monter de tierce* , on pourra dire également *deſcendre de ſixte* , &c.

CHAPITRE III.

Des différentes clefs, de la valeur des notes, de la mesure, & de la syncope.

170. IL y a trois clefs dans la Musique : la clef de *fa* 𝄢, ou ; la clef d'*ut* , & la clef de *sol* 𝄞.

La clef de *fa* se pose sur la quatriéme ligne ou sur la troisiéme, & la ligne sur laquelle est cette clef donne le nom de *fa* à toutes les notes qui sont sur cette ligne. *Voyez O.*

La clef d'*ut* se pose ou sur la quatriéme, ou sur la troisiéme, ou sur la seconde, ou sur la premiere ligne ; & dans ces différens cas, toutes les notes qui sont sur la ligne où est la clef, portent le nom d'*ut*. *Voyez P.*

Enfin, la clef de *sol* se met sur la seconde ou sur la premiere ligne ; & toutes les notes qui sont sur la ligne où est la clef, portent le nom de *sol*. *Voyez Q.*

171. Comme les notes se mettent sur les lignes, & dans l'intervalle des lignes, on

peut facilement, quand on voit la clef, ſçavoir le nom d'une note quelconque ; ainſi on voit que dans la premiere clef de *fa*, la note qui traverſe la plus baſſe ligne doit être un *ſol* ; que celle qui occupe l'intervalle entre les deux premieres lignes eſt un *la* ; que celle qui traverſe la ſeconde ligne eſt un *ſi*, &c. (*ii*)

Voyez O.

(*ii*) C'eſt à cauſe de la différente portée des voix & des inſtrumens, que l'on a inventé ces différentes clefs.

La voix maſculine la plus grave peut aller ſans ſe gêner juſqu'au *ſol* qui fait la derniere ligne de la premiere clef de *fa* ; & la voix féminine la plus aigue peut s'élever juſqu'à un *ſol*, qui eſt la triple octave au-deſſus de celui-là.

La plus grave des voix maſculines s'appelle *baſſe-taille*, & ſa clef eſt celle de *fa* ſur la quatriéme ligne ; cette clef eſt auſſi celle des baſſes, violoncelles, contre-baſſes, tymbales, *&c.* en un mot, des inſtrumens les plus graves. Une baſſe-taille extrêmement grave s'appelle *baſſe-contre*.

La voix maſculine la plus grave, après la baſſe-taille, s'appelle *concordant* : ſa clef eſt celle de *fa* ſur la troiſiéme ligne.

La voix maſculine qui ſuit le *concordant* s'appelle *taille* ; c'eſt la voix la plus ordinaire, & pourtant la plus rarement belle ; ſa clef eſt celle d'*ut* ſur la quatriéme ligne. Cette clef eſt auſſi celle des baſſons.

La voix maſculine la plus aigue de toutes s'appelle *haute-contre* ; ſa clef eſt celle d'*ut* ſur la troiſiéme ligne. C'eſt auſſi la clef des violes, des quintes de violon, *&c.*

La voix féminine la plus grave ſuit immédiatement la haute-contre, & s'appelle *bas-deſſus* ; ſa clef eſt celle d'*ut* ſur la premiere ligne. La clef d'*ut* ſur la ſeconde ligne eſt peu en uſage.

La voix féminine la plus aigue s'appelle *deſſus* ; ſa clef eſt celle de *ſol* ſur la ſeconde ligne.

Cette derniere clef, ainſi que celle de *ſol* ſur la pre-

172. Une note devant laquelle il y a un diéze ✕, doit être hauſſée d'un demi-ton ; & ſi au contraire il y a un ♭ devant, elle doit être baiſſée d'un demi-ton, ♭ étant la marque du bémol.

Le bécare ♮ ſert à remettre dans ſa valeur naturelle une note qui a été hauſſée ou baiſſée d'un demi-ton.

173. Quand on met à la clef un diéze ou un bémol, toutes les notes qui ſont ſur la ligne où eſt ce diéze ou ce bémol, ſont diézes ou bémols : ainſi prenons la clef d'*ut* ſur la premiere ligne, & mettons un diéze dans l'intervalle entre la ſeconde & la troiſiéme ligne, qui eſt la place du *fa* ; toutes les notes qui ſeront dans cet intervalle ſeront *fa* ✕ ; & ſi on veut les remettre dans leur valeur de *fa* naturel, il faut mettre au-devant un ♮ ou un ♭.

Voyez R.

Voyez S.

De même ſi un bémol eſt à la clef, & qu'on veuille remettre la note dans ſon état

miere ligne, eſt auſſi la clef des inſtrumens les plus aigus, comme violons, flutes, trompettes, haut-bois, flageolets, *&c.*

L'*ut* que l'on voit dans les clefs de *fa*, & dans les clefs d'*ut*, eſt une quinte au-deſſus du *fa* qui eſt ſur la ligne de la clef de *fa*, & le *ſol* qui eſt ſur les deux clefs de *ſol* eſt la quinte au-deſſus d'*ut* : de ſorte que le *ſol* qui eſt ſur la plus baſſe ligne de la premiere clef de *fa*, eſt plus bas de deux octaves entieres que le *ſol* qui eſt ſur la plus baſſe ligne de la ſeconde clef de *ſol*.

naturel, on met au-devant un ♮ ou un ✕ (*Voyez* X.)

174. Toute piece de Musique se partage en différens tems égaux, que l'on nomme *mesures*, & chaque mesure se divise aussi en différens tems.

Il y a proprement deux sortes de mesures : la mesure à deux tems, que l'on désigne par un 2 placé au commencement de l'air (*Voyez* T) ; & la mesure à trois tems, que l'on distingue par un 3 placé de même (*Voyez* V).

Les différentes mesures sont distinguées par des lignes perpendiculaires.

On distingue dans une mesure un tems *fort* & un tems *foible* ; le tems *fort* est celui du *frappé*, le *foible* celui du *levé* ; de sorte que dans une mesure à trois tems, il y a deux tems *foibles*. Une mesure à quatre tems doit être regardée comme composée de deux mesures à deux tems chacune ; ainsi il y a dans cette mesure deux tems forts & deux foibles. En général, par les mots de *fort* & de *foible*, on distingue les parties même de chaque tems ; ainsi la premiere note de chaque tems est censée sur la partie *forte*, & les autres sur la partie *foible*.

Voyez Y. 175. La plus longue de toutes les notes est la ronde. La blanche vaut la moitié d'une ronde, c'est-à-dire qu'on ne met à chanter deux blanches, que le même tems qu'on met à chanter une seule ronde. La blanche vaut de même deux noires, la noire deux croches, *&c.*

176. Une note qui est coupée en deux par un tems, c'est-à-dire, qui commence à la fin d'un tems, & qui finit dans le tems suivant, est appellée note syncopée (*Voyez* Z, où *ut*, *si* & *la* sont chacune syncopées). (*ll*)

177. Une note suivie d'un point est augmentée de la moitié de sa valeur. Par exemple, dans la cinquiéme mesure de l'exemple Y, le *si* suivi d'un point a la valeur d'une blanche & d'une noire ensemble.

(*ll*) La syncope consiste dans une note qui appartient à deux tems, ou à deux mesures différentes, sans pourtant occuper & remplir entierement les deux tems ou les deux mesures. Par exemple, une note qui commence sur le tems foible d'une mesure, & qui finit sur le tems fort de la suivante, ou qui dans une même mesure commence sur la partie foible d'un tems & finit sur la partie forte du suivant, est syncopée. Une note qui remplit seule une ou deux mesures dans une mesure à deux ou à trois tems, n'est point censée syncopée; c'est une suite de la définition précédente. Ainsi dans la fin de l'exemple *Z*, l'*ut* de la premiere mesure ne syncope pas, parce qu'il remplit deux tems *entiers*; il en est de même du *mi* de la seconde mesure, & de l'*ut* de la quatriéme, & de la cinquiéme.

CHAPITRE IV.

Définition des principaux accords.

178. L'Accord composé de tierce, quinte & octave, comme *ut mi sol ut*, s'appelle *accord parfait* (*Art.* 32.).

Si la tierce est majeure, comme dans *ut mi sol ut*, l'accord parfait se nomme *majeur*: si la tierce est mineure, comme dans *la ut mi la*, l'accord parfait est mineur. L'accord parfait majeur constitue ce qu'on appelle le *mode majeur*, & l'accord parfait mineur, ce qu'on appelle le *mode mineur* (*Art.* 30.).

179. Un accord composé de tierce, quinte & septiéme, comme *sol si ré fa*, ou *ré fa la ut*, &c. s'appelle *accord de septiéme*. Il est visible qu'un tel accord est tout composé de tierces en montant.

Tous les accords de septiéme se pratiquent dans l'harmonie, excepté celui qui porteroit la tierce mineure & la septiéme majeure, comme *ut mi* ♭ *sol si*; celui qui porteroit la fausse quinte & la septiéme majeures, comme *si ré fa la* ♯; & celui qui porteroit la tierce majeure & la fausse quinte, comme *si ré* ♯ *fa*, &c. (*Chap. XIV. premiere Partie*).

180. Comme les tierces ſont majeures ou mineures, & qu'elles peuvent être arrangées différemment, il eſt viſible qu'il y a différentes ſortes d'accords de ſeptiéme ; il y en a même un, *ſi ré fa la*, qui eſt compoſé de tierce, fauſſe quinte & ſeptiéme.

181. Un accord compoſé de tierce, quinte & ſixte, comme *fa la ut ré*, *ré fa la ſi*, ſe nomme *accord de grande ſixte*.

182. Toute note qui porte l'accord parfait ſe nomme *tonique*, & l'accord parfait ſe marque par un 8 que l'on écrit au-deſſus de la note ; mais le plus ſouvent on ſupprime ce 8 : ainſi dans l'exemple I, les deux *ut* portent également l'accord parfait.

183. Toute note qui porte accord de ſeptiéme ſe nomme *dominante* (*Art. 102.*), & cet accord ſe marque par un 7 écrit au-deſſus de la note ; ainſi dans l'exemple II, *ré* porte l'accord *ré fa la ut*, & *ſol*, l'accord *ſol ſi ré fa*.

Il faut remarquer que parmi les accords de ſeptiéme, nous ne comptons point ici l'accord de ſeptiéme diminuée, qui n'eſt qu'improprement appellé *accord de ſeptiéme* : nous en parlerons plus bas.

184. Toute note qui porte l'accord de grande ſixte ſe nomme *ſous-dominante* (97) & ſe chiffre d'un 6 ; ainſi dans l'exemple III,

fa porte l'accord *fa la ut ré*. Remarquez que la ſixte doit toujours être majeure (*97 & 109.*).

185. Dans tout accord, ſoit parfait, ſoit de ſeptiéme, ſoit de grande ſixte, la note qui porte cet accord, & qui en eſt la plus baſſe ou la plus grave, s'appelle *fondamentale*; ainſi *ut* eſt *fondamentale* dans l'exemple I, *ré* & *ſol* dans l'exemple II, & *fa* dans l'exemple III.

186. Dans tout accord de ſeptiéme & de grande ſixte, la note qui fait la ſeptiéme ou la ſixte au-deſſus de la fondamentale, c'eſt-à-dire la plus haute note de l'accord, s'appelle *diſſonance*; ainſi dans les accords de ſeptiéme *ſol ſi ré fa*, *ré fa la ut*, *fa* & *ut* ſont la diſſonance; ſçavoir, *fa* par rapport à *ſol* dans le premier accord, & *ut* par rapport à *ré* dans le ſecond; dans l'accord de grande ſixte *fa la ut ré*, *ré* eſt la diſſonance (*Art. 120.*): mais ce *ré* n'eſt proprement diſſonance que par rapport à *ut*, dont il eſt la *ſeconde*, & non par rapport à *fa* dont il eſt la *ſixte majeure* (*Art. 18 & 128*).

187. Quand un accord de ſeptiéme eſt composé d'une tierce majeure ſuivie de deux tierces mineures, la note fondamentale de cet accord ſe nomme *dominante tonique*. Dans tout autre accord de ſeptiéme, la fondamen-

tale ſe nomme *ſimple dominante* (*Art. 102.*); ainſi dans l'accord *ſol ſi ré ſa* compoſé d'une tierce majeure *ſol ſi*, ſuivie de deux tierces mineures *ſi ré*, *ré ſa*, la fondamentale *ſol* eſt *dominante tonique* : mais dans les autres accords de ſeptiéme, comme *ut mi ſol ſi*, *ré ſa la ut*, &c. les fondamentales *ut* & *ré* ſont de ſimples dominantes.

188. Dans tout accord, ſoit parfait, ſoit de ſeptiéme, ſoit de ſixte, ſi on veut que la tierce au-deſſus de la note fondamentale ſoit majeure, quoique cette tierce ſoit mineure naturellement, on met un diéze au-deſſus de la note fondamentale. Par exemple, ſi je veux déſigner l'accord parfait majeur *ré ſa* ✕ *la ré*; comme la tierce *ſa* au-deſſus de *ré* eſt naturellement mineure, je mets au-deſſus du *ré* un diéze, comme on le voit exemple IV. De même l'accord de ſeptiéme *ré ſa* ✕ *la ut*, & l'accord de grande ſixte *ré ſa* ✕ *la ſi* ſe déſigne par ✕ au-deſſus du *ré*, & au-deſſus du ✕ un 7 ou un 6 (*Voyez V. & VI.*).

Au contraire, quand la tierce eſt naturellement majeure, & qu'on veut la rendre mineure, on met au-deſſus de la fondamentale un ♭; ainſi les exemples VII, VIII, IX, indiquent les accords *ſol ſi* ♭ *ré ſol*, *ſol ſi* ♭ *ré ſa*, *ſol ſi* ♭ *ré mi* (*mm*).

(*mm*) Au reſte, on ſe diſpenſe de ce diéze ou de ce bé-

CHAPITRE V.

De la baſſe fondamentale.

189. IMaginez un chant à volonté, & qu'il y ait ſous ce chant une baſſe compoſée de différentes notes dont les unes portent l'accord parfait, d'autres l'accord de

mol lorſqu'il eſt déjà à la clef. Par exemple, ſi le dieze eſt à la clef ſur le *fa* (*Voyez* l'exemple X), on ſe contente d'écrire ſimplement *ré* ſans diéze pour déſigner l'accord parfait majeur de *ré*, *ré fa* ✳ *la ré*. De même dans l'exemple XI, où le bémol eſt à la clef ſur le *ſi*, on ſe contente d'écrire *ſol* ſimplement, pour déſigner l'accord parfait mineur *ſol ſi* ♭ *ré ſol*.

Mais dans le cas où il y a un diéze ou un bémol à la clef, ſi on veut rendre mineur l'accord qui ſeroit majeur, ou majeur celui qui ſeroit mineur, on met au-deſſus de la note fondamentale un ♮ ou bécare ; ainſi l'exemple XII déſigne l'accord mineur *ré fa la ré*, & l'exemple XIII, l'accord majeur *ſol ſi re ſol*. Souvent, au lieu de bécare, on met un bémol pour déſigner l'accord mineur, & un dieze pour déſigner l'accord majeur. Ainſi l'exemple XIV déſigne l'accord mineur *ré fa la ré*, & l'exemple XV, l'accord majeur *ſol ſi ré ſol*.

Lorſque dans un accord de ſeptiéme ou de grande ſixte, la diſſonance doit être un diéze ou un bémol, & que ce diéze ou ce bémol ne ſe trouve point à la clef, pluſieurs Muſiciens écrivent le diéze ou le bémol avant ou après le 7 ou le 6. Par exemple, ſi je veux déſigner l'accord *ſol ſi ré fa* ✳, j'écris cet accord comme on le voit exemple XVI. De même l'exemple XVII déſigne l'accord de grande ſixte *la ut mi fa* ✳. Mais M. Rameau ſupprime ce diéze, ſur-tout au-devant du 7 : on en dira la raiſon plus bas, en parlant des accords par ſuppoſition.

septiéme, d'autres l'accord de grande sixte; ensorte que la note du chant qui répond à une note de la basse soit une de celles qui entrent dans l'accord de cette note de la basse; cette basse composée suivant les regles que nous allons donner, sera la basse fondamentale du chant proposé (*Voyez la premiere Partie.*).

Ainsi (exemple XVIII.) on trouvera que ce chant *ut ré mi fa sol la si ut*, a ou peut avoir pour basse fondamentale, *ut* $\overset{7}{\textit{sol}}$ *ut* $\overset{6}{\textit{fa}}$ *ut* $\overset{7}{\textit{ré}}$ $\overset{7}{\textit{sol}}$ *ut*.

En effet, la premiere note *ut* du dessus se trouve dans l'accord de la premiere note *ut* de la basse, lequel accord est *ut mi sol ut*; la seconde note *ré* du dessus se trouve dans l'accord *sol si ré fa* de la seconde note de la basse, *&c.* & la basse n'est composée que de notes qui portent l'accord parfait, ou celui de septiéme, ou celui de grande sixte: de plus elle est formée suivant les regles que nous allons donner.

Si le diéze est à la clef sur le *fa*, & que je veuille désigner l'accord *sol si ré fa*, ou l'accord *la ut mi fa*, je mets au-devant du 7 ou du 6 un ♮ ou un ♭.

De même si le bémol est à la clef sur le *si*, & que je veuille désigner l'accord *ut mi sol si*, je mets au-devant du 7 un diéze ou un bécare, & ainsi des autres.

CHAPITRE VI.

Regles de la basse fondamentale.

190. TOutes les notes de la basse fondamentale ne pouvant porter que l'accord parfait, ou l'accord de septiéme, ou celui de grande sixte, sont ou toniques, ou dominantes, ou sous-dominantes, & les dominantes y peuvent être simples ou toniques.

La basse fondamentale doit toujours commencer par une tonique, autant qu'il est possible : voici maintenant les regles pour tous les accords suivans, regles qui dérivent évidemment des principes posés dans la premiere Partie de cet Ouvrage ; il ne faut pour s'en convaincre, que relire les articles 34, 82, 122, 124, 126, 127.

PREMIERE REGLE.

191. Dans tout accord de tonique, ou de dominante tonique, il faut qu'au moins une des notes qui forment l'accord se trouve dans l'accord précédent.

II. REGLE.

192. Dans tout accord de simple dominante,

te, il faut que la note qui fait la septiéme, ou dissonance, se rencontre dans l'accord précédent.

III. REGLE.

193. Dans tout accord de sous-dominante, il faut qu'au moins une des consonances de l'accord se trouve dans l'accord précédent : ainsi dans l'accord de sous-dominante *fa la ut ré*, il faut que *fa*, ou *la*, ou *ut*, qui sont les consonances de l'accord, se rencontrent dans l'accord précédent ; la dissonance *ré* peut s'y rencontrer ou non.

IV. REGLE.

194. Toute dominante simple ou tonique doit descendre de quinte. Dans le premier cas, c'est-à-dire si la dominante est simple, la note qui suit ne peut être que dominante : dans le second elle peut être tout ce qu'on voudra, c'est-à-dire tonique, dominante tonique, dominante simple, ou sous-dominante : mais il faut pourtant que les conditions de la deuxiéme regle soient observées si elle est dominante simple.

Cette derniere restriction est nécessaire, comme on le va voir. Car prenons la succession des deux accords *la ut* ✕ *mi sol*, *ré fa la ut* (*Voyez l'exemple XIX.*), cette ſucceſſion n'eſt pas bonne, quoique la premiere dominante y deſcende de quinte, parce que l'*ut*, qui fait diſſonance dans le ſecond accord, & qui appartient à une ſimple dominante, n'eſt point dans l'accord précédent : mais la ſucceſſion ſeroit bonne, ſi ſans toucher au ſecond accord, on ôtoit le diéze porté par l'*ut* du premier accord, ou ſi ſans toucher au premier accord, ou rendoit diéze l'*ut* du ſecond accord, ou enfin ſi on rendoit ſimplement le *ré* du ſecond accord dominante tonique en lui faiſant porter le *fa* ✕ au lieu du *fa* naturel (*119 & 122.*).

C'eſt auſſi par la même ſeconde regle que l'on doit rejetter la ſucceſſion de ces deux accords

ré fa la ut, *ſol ſi ré fa* ✕,

(*Voyez l'exemple XX.*).

V. REGLE.

195. Toute ſous-dominante doit monter de quinte, & la note qui la ſuit peut être à volonté, ou tonique, ou dominante tonique, ou ſous dominante.

REMARQUE.

Des cinq regles fondamentales qui précedent, on peut, au lieu des trois premieres, ſubſtituer les trois ſuivantes, qui n'en ſont que des conſéquences, & qu'on peut même paſſer, ſi on le juge à propos.

PREMIERE REGLE.

Si une note de la baſſe fondamentale eſt tonique, & qu'elle monte de quinte ou de tierce ſur une autre note, cette ſeconde note peut être ou *tonique* (82 & 34.) *Voyez exemple XXI & XXII.* (*nn*) ou *dominante tonique* (124.), *Voyez XXIII & XXIV*, ou *ſous-dominante* (124.), *Voyez XXV & XXVI*: ou pour rendre l'énoncé de la regle plus ſimple, cette ſeconde note peut être tout ce qu'on voudra, excepté *ſimple dominante*.

II. REGLE.

Si une note de la baſſe fondamentale eſt tonique, & qu'elle deſcende de quinte ou de tierce ſur une autre note, cette ſeconde no-

(*nn*) Lorſque la baſſe monte ou deſcend d'une tonique à une autre par intervalle de tierces, le mode change ordinairement, c'eſt-à-dire de majeur devient mineur ; par exemple, ſi je monte de la tonique *ut* à la tonique *mi*, le mode majeur d'*ut*, *ut mi ſol ut*, ſe change dans le mode mineur de *mi*, *mi ſol ſi mi* ; au reſte, il ne faut jamais monter d'une tonique à une autre, lorſque leurs modes n'ont aucun ſons communs ; par exemple, on ne ſçauroit monter du mode d'*ut*, *ut mi ſol ut*, au mode mineur de *mi* ♭, *mi* ♭ *ſol* ♭ *ſi* ♭ *mi* ♭ (34 & 82.).

te peut être ou tonique (*82 & 34.*) *Voyez exemple XXVII & XXVIII*, ou dominante tonique, ou simple dominante, pourvû néanmoins que la regle de l'art. 192 soit observée (*124.*) *Voyez XXIX, XXX, XXXI, XXXII*, ou sous-dominante (*124.*) *Voyez XXXIII & XXXIV.*

La marche de basse *ut mi* ♭ *sol ut*, *fa la ut mi*, de la tonique *ut* à la dominante *fa* (*exemple XXXV.*) est exclue par l'article 192.

III. REGLE.

Si une note de la basse fondamentale est tonique, & qu'elle monte de seconde sur une autre note, cette note doit être dominante tonique, ou simple dominante (*101 & 102.*) *Voyez XXXVI & XXXVII* (*oo*).

AVERTISSEMENT.

Les exemples XXXVIII, XXXIX, XL, XLI, appartiennent à la quatriéme regle ci-dessus, article 194, & les exemples XLII, XLIII, XLIV, à la cin-

(*oo*) On voit par-là que tous les intervalles, sçavoir, de tierce, de quinte & de seconde, ont lieu dans la basse fondamentale, excepté celui de seconde en descendant. On se le permet pourtant quelquefois. Nous en parlerons au Chapitre IX.

quiéme regle ci-dessus, article 195 (*Voyez les articles 34, 121, 123, 124.*)

REMARQUE PREMIERE.

196. Le passage d'une dominante tonique à une tonique, s'appelle *repos absolu*, ou *cadence parfaite* (73), & le passage d'une sous-dominante à une tonique s'appelle *cadence imparfaite*, ou *irréguliere* (73.), ces *cadences* ou repos se font au moins de quatre en quatre mesures, la tonique tombant alors sur le premier moment de la mesure (*Voyez XLV & XLVI.*).

REMARQUE II.

197. Il faut éviter, autant que l'on peut, de faire syncoper les notes de la basse fondamentale, afin que dans le premier moment d'une mesure, l'oreille entende une harmonie différente de celle qu'elle a entendue dans le dernier tems de la mesure précédente. Cependant on fait quelquefois syncoper la basse fondamentale, mais c'est une licence (*pp*).

(*pp*) Il y a des notes qui peuvent se trouver plusieurs fois de suite dans la basse fondamentale avec une harmonie différente. Par exemple, la tonique *ut*, après avoir porté l'accord *ut mi sol ut*, peut être suivie d'un autre *ut* qui porte accord de septiéme, pourvû que cet accord soit celui de dominante tonique, *ut mi sol si* ♭ (*Voyez LXXII*). De même la tonique *ut* peut être suivie de la même toni-

CHAPITRE VII.

Des regles que le dessus doit observer par rapport à la basse fondamentale.

198. LE dessus n'est autre chose qu'un chant supérieur à la basse fondamentale, & dont les notes se trouvent dans les accords des notes de cette basse qui lui répondent (*190.*) ; ainsi dans l'exemple XVIII, la gamme *ut ré mi fa sol la si ut* est un dessus par rapport à la basse fondamentale *ut sol ut fa ut ré sol ut.*

199. Voici les regles du dessus, précédées des deux remarques suivantes.

1°. Il est visible que plusieurs notes du dessus peuvent répondre à une même note de la basse fondamentale, lorsque ces notes appartiennent à l'accord d'une même note

que *ut* que l'on rendra *sous-dominante* en lui faisant porter l'accord *ut mi sol la* (*Voyez LXXIII.*). Une dominante tonique ou simple descend ou monte quelquefois sur une autre par l'intervalle de triton ou de fausse quinte. Par exemple, la dominante *fa* portant l'accord *fa la ut mi*, peut être suivie d'une autre dominante *si* portant l'accord *si ré fa la*, c'est une licence qu'on se permet pour ne point sortir de la gamme dans laquelle on est ; par exemple, de la gamme d'*ut*, à laquelle *fa* & *si* appartiennent. Si on descendoit du *fa* au *si* ♭ par intervalle de quinte juste, on sortiroit alors de cette gamme, puisque *si* ♭ n'en est pas.

de la baſſe fondamentale ; par exemple, ce chant *ut mi ſol mi ut*, peut avoir pour baſſe fondamentale la ſeule note *ut*, parce que l'accord de cette note renferme les ſons *ut*, *mi*, *ſol*, qui ſe trouvent dans le deſſus.

2°. De même une ſeule note dans le deſſus peut, par la même raiſon, répondre à pluſieurs notes de la baſſe ; par exemple, *ſol* peut répondre ſeul aux trois notes de baſſe *ut ſol ut* (*qq*).

PREMIERE REGLE DU DESSUS.

200. Si la note qui forme la ſeptiéme dans

(*qq*) Il y a ſouvent dans un deſſus pluſieurs notes qui peuvent ſi l'on veut, ne point porter d'accord, & être regardées comme des notes de paſſage, ſervant ſeulement à lier entr'elles les notes qui portent accord, & à former un chant plus agréable. Ces notes de paſſage ſont ordinairement des croches (*Voyez exemple XLVII.*), ou ce chant *ut ré mi ſa ſol*, peut être regardé comme équivalent à celui-ci, *ut mi ſol*, *ré* & *ſa* n'étant que des notes de paſſage ; de ſorte que la baſſe de ce chant peut être ſimplement *ut ſol*.

Quand les notes ſont égales, & ſuivent un ordre diatonique, les notes qui ſont ſur la partie forte de chaque tems doivent porter harmonie : celles qui ſont ſur la partie foible ſont des notes de paſſage ; quelquefois cependant on fait porter harmonie à la note qui eſt ſur la partie foible, mais alors la valeur de cette note eſt ordinairement augmentée par un point qu'on met après, ce qui abrege d'autant la note qui eſt ſur le tems fort, & la faire paſſer plus vite.

Quand les notes ne marchent point diatoniquement, elles doivent ordinairement entrer toutes dans l'accord qu'on met au-deſſous d'elles.

un accord de *ſimple dominante* ſe trouve dans le deſſus, il faut que la note qui la précede ſoit la même ; c'eſt ce qu'on appelle *diſſonance préparée* (122.). Par exemple, ſuppoſons que la note de la baſſe fondamentale ſoit *ré*, portant l'accord de ſimple dominante *ré fa la ut*, & que cet *ut*, qui (*Art.* 118.) eſt la diſſonance, ſe trouve dans le deſſus, il faudra que la note qui précede dans le deſſus ſoit encore un *ut*.

201. Et il eſt bon d'obſerver que ſuivant les regles que nous avons données de la baſſe fondamentale, *ut* ſe trouvera toujours dans l'accord de la note de baſſe fondamentale qui précede la ſimple dominante *ré*. *Voyez XLVIII, XLIX, L.* Dans le premier de ces trois exemples, la diſſonance eſt *ut*, dans le ſecond *ſol*, & dans le troiſiéme *mi* (*rr*).

(*rr*) Il y a pourtant un cas où la ſeptiéme d'une ſimple dominante peut ſe rencontrer dans un chant ſans être préparée, c'eſt lorſqu'ayant déja employé cette dominante dans la baſſe fondamentale, ſa ſeptiéme ſe préſente enſuite dans le chant, tandis qu'on peut conſerver cette dominante. Par exemple imaginons ce chant,

	ut	|	*ré*	*ut*	*ſi*	*ut*	| *ré*
& cette baſſe fondam.	*ut*	|	$\overset{7}{ré}$		$\overset{7}{ſol}$	*ut*	| $\overset{7}{ſol}$

(*Voyez l'exemple LI.*) le $\overset{7}{ré}$ de la baſſe fondamentale répondant aux deux notes *ré*, *ut* du deſſus, la diſſonance *ut* n'a

SECONDE REGLE.

202. Si la note de basse fondamentale est dominante tonique, ou simple dominante, & que la dissonance se trouve dans le dessus, cette dissonance doit descendre diatoniquement dans le même dessus : mais si la note de basse est sous-dominante, & que la dissonance soit dans le dessus, elle doit monter diatoniquement ; cette dissonance qui descend ou monte diatoniquement, est ce qu'on appelle *dissonance sauvée* (129. 130.), *Voyez LII, LIII, LIV.*

203. On peut encore observer ici que suivant les regles que nous avons données de la basse fondamentale, la note sur laquelle la dissonance doit descendre ou monter, se trouvera toujours dans l'accord suivant (*ss*).

pas besoin de préparation, parce que la note *ré* (7) de la basse fondamentale ayant déjà été employée pour le *ré* qui précede *ut*, la dissonance *ut* se présente ensuite, au-dessous de laquelle on peut conserver l'accord *ré* (7), ou *ré fa la ut*.

(*ss*) Quand le dessus syncope en descendant diatoniquement, il est assez ordinaire de faire porter la dissonance à la seconde partie de la syncope, & la consonance à la premiere (*Voyez exemple LV.*), où la premiere partie de la note syncopée *sol* est consonance dans l'accord *ut mi sol ut*, qui lui répond dans la basse fondamentale, & la seconde est dissonance dans l'accord suivant *la ut mi sol*. De même la premiere partie de la note syncopée *fa* est consonance dans l'accord *ré fa la ut*, qui lui répond ; & la seconde partie est dissonance dans l'accord *sol si ré fa*, qui lui répond, &c.

CHAPITRE VIII.

De la basse continue, & de ses regles.

204. LA basse continue n'est autre chose qu'une basse fondamentale dont les accords sont *renversés*. On renverse un accord quand on change l'ordre des notes qui le composent. Par exemple, si au lieu de l'accord *sol si ré fa*, je dis *si ré fa sol*, ou *ré fa sol si*, &c. l'accord est renversé. Voyons donc en premier lieu tous les renversemens possibles des accords.

Renversemens de l'accord parfait.

205. L'accord parfait *ut mi sol ut* peut se renverser de deux manieres.

1°. *Mi sol ut mi*, ce qu'on nomme accord de *sixte* composé de tierce, quarte, sixte & octave, & en ce cas le *mi* se chiffre d'un 6 (*Voyez LVI*).

2°. *Sol ut mi sol*, ce qu'on nomme *accord de sixte & quarte*, composé de quarte, sixte & octave, & il se chiffre d'un $\substack{6\\4}$ (*Voyez LVII*).

L'accord parfait mineur se renverse de même.

Renverſemens de l'accord de ſeptiéme.

206. Dans l'accord de dominante tonique, comme *ſol ſi ré fa*, la tierce majeure *ſi* au-deſſus de la fondamentale *ſol* eſt nommée *note ſenſible* (77.), & l'accord renverſé *ſi ré fa ſol*, compoſé de tierce, fauſſe quinte & ſixte, ſe nomme *accord de fauſſe quinte* ou *accord ſenſible*, & ſe chiffre d'un 5̸ ou d'un ♭5 (*Voyez LVIII & LIX.*).

L'accord *ré fa ſol ſi* compoſé de tierce, quarte & ſixte, ſe nomme *de petite ſixte*, & ſe chiffre d'un 6̸ ou d'un ✕6. Dans cet accord ainſi chiffré, la tierce eſt mineure, & la ſixte eſt majeure, comme il eſt aiſé de le voir (*Voyez LX.*).

L'accord *fa ſol ſi ré* compoſé de ſeconde, triton & ſixte, ſe nomme *de triton*, & ſe chiffre d'un 4̸ ou d'un 4̸, ou d'un +4, ou d'un ✕4 (*Voyez LXI.*).

207. Dans l'accord de ſimple dominante *ré fa la ut*, on trouve :

1°. *Fa la ut ré*, accord de *grande ſixte*, qui eſt compoſé de tierce, quinte & ſixte, & qui ſe chiffre d'un $\substack{6\\5}$, *Voyez LXIII.* (*tt*).

(*tt*) C'eſt ce même accord qui ſe chiffre d'un 6 ſeulement dans la baſſe fondamentale, mais qu'on eſt obligé de chiffrer d'un $\substack{6\\5}$ dans la baſſe continue, pour le diſtinguer

2°. *La ut ré fa*, accord de *petite sixte*; qui se chiffre d'un 6, *Voyez LXIV*, (*uu*).

3°. *Ut ré fa la*, accord de *seconde* composé de seconde, quarte & sixte, & qui se chiffre d'un 2 (*Voyez LXII.*).

Renversemens de l'accord de sous-dominante.

208. L'accord de sous-dominante, comme *fa la ut ré*, peut se renverser de trois façons, mais le renversement le plus en usage est l'accord de petite sixte *la ut ré fa*, qui se chiffre d'un 6, & l'accord de septiéme *ré fa la ut*, *Voyez LXIV*, (*xx*).

des accords de sixte & de petite sixte (*Voyez exemple LVI & LXIV*); au reste l'accord de grande sixte dans la basse fondamentale porte toujours la sixte majeure, au lieu que dans la basse continue, il peut porter la sixte mineure. Par exemple, l'accord de septiéme *ut mi sol si*, donne l'accord de grande sixte *mi sol si ut*, où la sixte de *mi* à *ut* est mineure.

(*uu*) M. Rameau observe avec raison qu'on devroit plûtôt chiffrer cette petite sixte d'un $\frac{4}{3}$, pour la distinguer de la sixte qui vient de l'accord de dominante tonique, & de la sixte qui vient de l'accord parfait. Cependant il chiffre dans ses ouvrages d'un simple 6 les petites sixtes qui ne viennent point de dominante tonique, c'est-à-dire qu'il les chiffre comme celles qui viennent de l'accord parfait; & nous l'avons suivi en cela ainsi qu'en tout le reste. Nous en parlerons encore plus bas.

(*xx*) L'accord de septiéme *si ré fa la* donne dans un renversement l'accord *fa la si ré*, , composé de tierce, triton & sixte; cet accord se chiffre ordinairement d'un 6, comme si le triton étoit une quarte juste: c'est à l'accompa-

REGLES DE LA BASSE CONTINUE.

209. La baſſe continue eſt une baſſe fondamentale dont les accords ne ſont renverſés que pour la rendre plus chantante ; *voyez LXV*, où la baſſe fondamentale peu chantante & monotone, *ut ſol ut ſol ut ſol ut*, donne par le renverſement de ſes accords cette baſſe continue très-chantante, *ut ſi ut ré mi fa mi*, &c. (*yy*).

La baſſe continue n'eſt donc proprement qu'un deſſus par rapport à la baſſe fondamentale : en voici les regles, qui excepté la premiere, ne ſont proprement que celles que nous avons données pour le deſſus.

PREMIERE REGLE.

210. Toute note qui porte accord de fauſſe quinte, & qui par conſéquent eſt note

gnateur à ſçavoir que la quarte au-deſſus de *fa* eſt un triton, ou quarte ſuperfluë. On pourroit au reſte chiffrer ainſi cet accord $\begin{matrix}6\\4+\\3\end{matrix}$.

(*yy*) La baſſe continue eſt d'autant plus chantante, que les ſons qui la forment obſervent plus exactement l'ordre diatonique, parce que cet ordre eſt le plus agréable de tous ; ainſi il faut tâcher de l'obſerver autant qu'il eſt poſſible. C'eſt pour cette raiſon que la baſſe continue de cet exemple LXI, eſt plus chantante & plus agréable que la baſſe fondamentale qui lui répond.

sensible, doit (77.) monter diatoniquement sur la note qui la suit : ainsi dans l'exemple LXV, la note *si* portant accord de fausse quinte marqué d'un 5, monte diatoniquement sur *ut*.

II. REGLE.

211. Toute note portant accord de triton doit descendre diatoniquement sur la note suivante ; ainsi dans le même exemple LXV, *fa*, qui porte l'accord de triton marqué d'un 4+, descend diatoniquement sur *mi* (*Art.* 202.).

III. REGLE.

212. L'accord de seconde se pratique ordinairement sur des notes qui syncopent en descendant, parce que ces notes sont des dissonances qui doivent être préparées & sauvées (200 202). *Voyez l'exemple LXVI*, où le second *ut* qui est syncopé, & qui descend ensuite sur le *si*, porte accord de seconde (zz).

(zz) Quand il y a *repos* dans le dessus, la note de basse continue doit être la même que celle de la basse fondamentale (*Voyez l'exemple LXVII.*). Dans les repos qui se trouvent dans le dessus, à *si* & à *ut* (troisiéme & quatriéme mesures), les notes de basse fondamentale & de basse continue sont les mêmes, sçavoir *sol* pour le premier repos, & *ut* pour le second. Cette regle doit sur-tout s'ob-

CHAPITRE IX.

De quelques licences de la baſſe fondamentale.

ARTICLE I.

De quelques routes particulieres de la baſſe fondamentale.

213. UNe dominante peut quelquefois être ſuivie d'une autre dominante en deſcendant diatoniquement : par exem-

ſerver dans les cadences finales qui terminent une piece, ou un chant.

Il faut, autant qu'on peut, éviter que la même note ſe rencontre dans le deſſus, & dans la baſſe continue, à moins que la marche de la baſſe continue ne ſoit contraire à celle du deſſus ; par exemple, dans la ſeconde note de la ſeconde meſure de l'exemple LXVII, *mi* ſe trouve en même tems à la baſſe continue, & au-deſſus : mais le deſſus *deſcend* de *fa* à *mi*, tandis que la baſſe *monte* de *ré* à *mi*.

Il faut auſſi éviter deux octaves ou deux quintes de ſuite : Par exemple, ſi le deſſus dit *ſol mi*, il faut éviter que la baſſe diſe *ſol mi*, ou *ut la*, ou *ré ſi*, parce que dans le premier cas, il y a deux octaves de ſuite, *ſol* contre *ſol*, & *mi* contre *mi*, & que dans le ſecond cas, il y a deux quintes de ſuite, *ut* contre *ſol*, & *la* contre *mi*, ou *ré* contre *ſol*, & *ſi* contre *mi*. Cette regle, ainſi que la précédente, eſt fondée ſur ce que la baſſe continue ne doit point copier le deſſus, mais former un chant différent.

Toutes les fois que pluſieurs notes de la baſſe continue répondent à une ſeule note de la baſſe fondamentale, on ſe contente de chiffrer la premiere de ces notes, ou même

ple, une dominante comme *la*, portant l'accord *la ut mi sol*, peut quelquefois descendre diatoniquement sur la dominante *sol* por-

on ne la chiffre pas si c'est une tonique, & on met sur les autres une barre (*Voyez l'exemple LXVIII*, où la basse fondamentale *ut* donne la basse continue *ut mi sol mi*); les deux *mi* doivent porter dans cette basse l'accord 6, & le *sol* l'accord $\begin{smallmatrix}6\\4\end{smallmatrix}$: mais comme ces accords sont renfermés dans l'accord parfait *ut mi sol ut*, qui est le premier de la basse continue, on ne met rien sur *ut*, & on met une barre sur *mi sol mi*.

De même dans la seconde mesure du même exemple, les notes *fa* & *ré* de la basse continue, venant de la seule note *sol* de la basse fondamentale qui porte l'accord *sol si ré fa*; on se contente de chiffrer *fa* de l'accord de triton 4+, & on met une barre sur le *ré*.

Remarquez que ce *fa* devroit naturellement descendre au *mi* : mais ce *fa* est censé subsister tandis que l'accord subsiste, & quand l'accord change, on doit nécessairement trouver le *mi* comme on le voit dans cet exemple.

En général quand un accord subsiste en passant par différentes notes, l'accord est censé le même que si la premiere note de l'accord subsistoit : de maniere que si la premiere note de l'accord est, par exemple, la note sensible, on doit rencontrer la tonique quand l'accord change. *Voyez exemple LXIX*, où cette basse continue *ut si sol si ré ut*, est censée la même que celle-ci, *ut si ut* (*Exemple LXX.*).

Si une même note de la basse continue répond à plusieurs notes de la basse fondamentale, elle se chiffre des différens accords qui lui conviennent. Par exemple, la note *sol*, dans une basse continue, peut répondre à cette basse fondamentale *ut sol ut* (*Voyez l'exemple LXXI*); en ce cas, on peut regarder la note *sol* comme divisée en trois parties, dont la premiere porte l'accord $\begin{smallmatrix}6\\4\end{smallmatrix}$, la seconde l'accord 7, & la troisiéme l'accord $\begin{smallmatrix}6\\4\end{smallmatrix}$.

tant-

tant l'accord *ſol ſi ré fa* ; cela vient de ce que l'accord *la ut mi ſol* peut être regardé comme repréſentant l'accord de ſous-dominante *ut mi ſol la*, qui n'en eſt que le renverſement (104.) ; or (195.) l'accord de ſous-dominante *ut mi ſol la* peut être ſuivi de l'accord *ſol ſi ré fa* (*aaa*).

ARTICLE II.

De la cadence rompue & interrompue.

214. La cadence rompue s'exécute par le moyen d'une dominante qui monte diatoniquement ſur une autre, ou ſur une tonique par licence. *Voyez* dans l'exemple LXXIV, *ſol la* (132 & 134).

La cadence interrompue ſe forme par une dominante qui deſcend de tierce ſur une autre (136). *Voyez* dans l'exemple LXXV, *ſol mi*.

(*aaa*) Si la dominante *la*, ſuivie de la dominante *ſol*, étoit dominante tonique, enſorte qu'elle portât l'accord *la ut* ※ *mi ſol*, la licence ſeroit encore plus grande ; auſſi ce dernier cas eſt-il fort rare.

On peut quelquefois, mais très-rarement, faire ſuccéder diatoniquement en montant, ou en deſcendant, pluſieurs toniques de ſuite, comme *ut mi ſol ut*, *ré fa la ré*, ou *ut mi ſol ut*, *ſi* ♭ *ré fa ſi* ♭ ; mais outre que cette ſucceſſion eſt dure, il faut pour qu'on la puiſſe pratiquer, que la quinte au-deſſous de la premiere tonique ſe trouve dans l'accord de la tonique ſuivante, comme ici *fa*, quinte au-deſſous de la premiere tonique *ut*, ſe trouve dans l'accord *ré fa la ré*, & dans l'accord *ſi* ♭ *ré fa ſi* ♭ (37 & *note i.*).

On ne doit ſe permettre ces ſortes de cadences que rarement, & avec précaution.

ARTICLE III.

De la ſuppoſition.

215. Quand une dominante eſt précédée d'une tonique dans la baſſe fondamentale, on ajoute quelquefois dans la baſſe continue à l'accord de cette dominante, une nouvelle note qui eſt la tierce ou la quinte au-deſſous, & l'accord qui en réſulte dans cette baſſe continue s'àppelle *accord par ſuppoſition.*

216. Par exemple, ſuppoſons que dans la baſſe fondamentale on ait la dominante *ſol* portant accord de ſeptiéme *ſol ſi ré fa* : ajoûtons à cet accord la note *ut*, qui eſt la quinte au-deſſous de cette dominante, & nous aurons l'accord total *ut ſol ſi ré fa*, ou *ut ré fa ſol ſi*, qu'on appelle *accord par ſuppoſition* (*bbb*).

(*bbb*) Quoique la ſuppoſition ſoit une ſorte de licence, cependant elle eſt en quelque maniere fondée ſur l'expérience ſeconde, *Chapitre premier de la premiere Partie*, où l'on voit que tout ſon principal ou fondamental, fait frémir ſa douziéme & ſa dix-ſeptiéme en deſcendant, pendant que la douziéme & la dix-ſeptiéme en montant reſonnent. Ce qui ſemble nous autoriſer à joindre en certains cas à l'harmonie fondamentale cette douziéme & cette dix-ſeptiéme en deſcendant, ou ce qui revient au même, la quinte ou la tierce au-deſſous du ſon fondamental.

Des différentes sortes d'accords par supposition.

216. Il est aisé de voir que l'accord par supposition est de différentes sortes : par exemple l'accord de dominante tonique *sol si ré fa* donne :

1°. En ajoûtant la quinte *ut*, l'accord *ut sol si ré fa*, ou *ut ré fa sol si*, appellé *accord de septiéme superflue*, & composé de seconde, quarte, quinte & septiéme, il se chiffre d'un ※ 7, *voyez LXXVI* (*ccc*) ; cet accord ne se pratique que sur la tonique, on en retranche quelquefois la note sensible pour les raisons que nous dirons dans la note (*fff*) sur l'art. 219, alors il se réduit à *ut fa sol ré*, & se chiffre $\frac{9}{4}$.

(*ccc*) Plusieurs Musiciens chiffrent cet accord d'un ※ $\frac{7}{2}$; M. Rameau supprime ce 2 & met simplement 7 ※ ou ※ 7 pour l'accord de septiéme superflue. Mais, dira-ton, ne confondra t-on pas alors cet accord avec celui de septiéme majeure, que nous avons dit être désigné par 7 ※ ? M. Rameau répond que non, parce que dans l'accord de septiéme majeure, la septiéme devant être préparée, se trouve dans l'accord précédent, & qu'ainsi le diéze étant déja dans cet accord précédent, il est inutile de le répéter ; ainsi
7
※ 7
ré sol, chez M. Rameau, indiqueroient *ré fa* ※ *la ut*, *sol si ré fa* ※. Si on vouloit changer le *fa* ※ du second accord
7
※ 7 ♮
en *fa* ; alors il faudroit écrire *ré sol*. Tout cela paroît juste & bien fondé.

2°. En ajoûtant la tierce *mi*, on a l'accord *mi sol si ré fa*, appellé *accord de neuviéme*, & composé de tierce, quinte, septiéme & neuviéme, il se chiffre d'un 9 ; cette tierce peut s'ajoûter à tout accord de dominante. *Voyez LXXVII* (*ddd*).

3°. Si à un accord de simple dominante, comme *ré fa la ut*, on ajoûte la quinte *sol*, on aura l'accord *sol ré fa la ut*, appellé *accord de onziéme*, & qui se chiffre de $\frac{9}{4}$ ou $\frac{4}{9}$ (*Voyez LXXVIII.*).

REMARQUE.

217. Quand la dominante n'est pas une dominante tonique, on retranche souvent quelques notes de l'accord. Par exemple, supposons que l'on ait à la basse fondamen-

(*ddd*) La supposition introduit dans un accord des dissonances qui n'y étoient pas auparavant. Par exemple, si à l'accord *mi sol si ré*, on ajoûte la note de supposition *ut* en descendant de tierce, il est visible qu'outre la dissonance entre *mi* & *ré*, qu'on avoit dans l'accord primitif, on a deux nouvelles dissonances *ut si*, & *ut ré*, c'est-à-dire la septiéme & la neuviéme ; ces dissonances doivent être, comme les autres, préparées & sauvées. On les prépare en les faisant syncoper, & on les sauve en les faisant descendre diatoniquement sur une des consonances de l'accord suivant. La seule note sensible se sauve en montant, encore faut-il que cette note sensible soit dans l'accord de dominante tonique. A l'égard des dissonances qui se trouvent dans l'accord primitif, elles doivent toûjours suivre les regles ordinaires (*Voyez l'art. 202.*).

tale cette ſimple dominante *mi*, portant l'accord *mi ſol ſi ré* ; ſi on ajoûte la tierce *ut* au-deſſous, on aura l'accord de baſſe continue *ut mi ſol ſi ré*, mais on ſupprime la ſeptiéme *ſi*, pour les raiſons qui ſeront expliquées dans la note (*fff*) ſur l'article 219 ; en cet état l'accord eſt ſimplement compoſé de tierce, quinte & neuviéme, & ſe chiffre d'un 9. *Voyez LXXIX* (*eee*).

218. De plus, dans l'accord de ſimple dominante, comme *ré fa la ut*, lorſqu'on ajoûte la quinte *ſol*, on retranche ſouvent les ſons *fa* & *la*, pour éviter le trop grand nombre de diſſonances, ce qui réduit l'accord à *ſol ut ré*. Ce dernier eſt compoſé ſeulement de quarte & de quinte ; on le nomme *accord de quarte*, & on le chiffre d'un 4 (*Voyez LXXX.*).

Quelquefois on ôte la note *fa* ſeulement, & alors l'accord doit être chiffré de $\frac{7}{4}$ ou $\frac{+}{7}$.

219. Pluſieurs Muſiciens appellent *accord*

(*eee*) Pluſieurs Muſiciens appellent *accord de neuviéme* ce dernier accord ; & *accord de neuviéme & ſeptiéme*, celui que nous avons appellé ſimplement, avec M. Rameau, *accord de neuvieme* ; ils chiffrent ce dernier accord de $\frac{9}{7}$; mais la dénomination, & le chiffre de M. Rameau ſont plus ſimples, & ne peuvent jetter dans l'erreur, parce que l'accord de neuviéme emporte toûjours la ſeptiéme, excepté dans le cas dont nous venons de parler.

de onziéme, ce que nous appellons, d'après M. Rameau, *accord de quarte*; & *accord de neuviéme & quatriéme*, l'accord de *onziéme* chiffré d'un $^{4}_{7}$, qu'ils chiffrent de $^{4}_{9}$: mais les dénominations de M. Rameau sont préférables, étant plus simples (*fff*).

220. Enfin dans le mode mineur, par exemple dans celui de *la*, où l'accord de dominante tonique (*109.*) est *mi sol ✕ si ré*; si on ajoûte à cet accord la tierce *ut* au-dessous, on aura *ut mi sol ✕ si ré*, nommé *accord de quinte superflue*, & composé de tierce, fausse quinte, septiéme & neuviéme, il se chiffre d'un ✕5, ou d'un +5, *Voyez LXXXI* (*ggg*).

(*fff*) On retranche souvent quelques dissonances des accords de supposition, soit pour diminuer la dureté de l'accord, soit parce qu'elles ne peuvent pas être préparées & sauvées. Par exemple, si dans une basse continue la tonique *ut* est précédée de la note sensible *si*, & qu'on veuille pratiquer sur cette tonique *ut*, l'accord de neuviéme *ut mi sol si ré*, il faut retrancher la septiéme *si*, parce qu'en la conservant, on détruiroit l'effet de la note sensible *si*, qui doit monter à *ut*.

De méme si à l'harmonie d'une dominante tonique *sol si ré fa*, on ajoûte la note par supposition *ut*, on a coûtume de retrancher de cet accord la note sensible *si*, parce que le *ré* devant descendre diatoniquement à *ut*, & le *si* devant y monter, l'effet de l'un détruiroit l'effet de l'autre. Cela a lieu sur-tout dans la *suspension* dont on va parler.

(*ggg*) *La supposition* produit ce qu'on appelle *la suspension*, & qui est à peu près la même chose. La suspension

ARTICLE IV.

De l'accord de septiéme diminuée.

221. Dans le mode mineur, par exemple dans celui de *la*, *mi* quinte de *la* est dominante tonique (109.) & porte l'accord *mi sol* ※ *si ré*, où *sol* ※ est la note sensible. On substitue quelquefois à cet accord celui-ci *sol* ※ *si ré fa* (116.), tout composé de tierces mineures, & qui a pour sa note fondamentale la note sensible *sol* ※ : cet accord se nomme de *septiéme diminuée*, & se chiffre d'un 7 dans la basse fondamentale (*Voyez*

consiste à conserver le plus de sons que l'on peut d'un accord pour les faire entendre dans l'accord suivant. Par exemple si j'ai cette basse fondamentale *ut* $\overset{7}{\textit{sol}}$ *ut*, & cette basse continue au-dessus *ut* $\overset{\text{※}7}{\textit{ut}}$ *ut*, c'est une *supposition* : mais si j'ai cette basse fondamentale *ut* $\overset{7}{\textit{sol}}$ $\overset{7}{\textit{sol}}$ *ut*, & cette basse continue au-dessus *ut* $\overset{7}{\textit{sol}}$ $\overset{\text{※}7}{\textit{ut}}$ *ut*, c'est une *suspension*, parce que l'accord parfait de *ut*, qu'on attend naturellement après $\overset{7}{\textit{sol}}$ dans la basse continue, est *suspendu* & *retardé* par l'accord $\overset{\text{※}7}{\textit{ut}}$, qui se forme en conservant les sons *sol si ré fa* de l'accord précédent pour les joindre à la note *ut*, en cette sorte, *ut ré fa sol si*; mais cet accord $\overset{\text{※}7}{\textit{ut}}$ ne fait en ce cas que *suspendre* pour un moment l'accord parfait *ut mi sol ut*, qui doit le suivre.

LXXXII.) : mais il eſt toûjours cenſé repréſenter l'accord de dominante tonique.

222. Cet accord de la baſſe fondamentale produit dans la baſſe continue les accords ſuivans.

1°. L'accord *ſi ré fa ſol* ✻ composé de tierce, fauſſe quinte & ſixte majeure; on le nomme *accord de fauſſe quinte, & ſixte majeure*, & on le chiffre ainſi ✻6 8 ou +6 8. (*Voyez* LXXXIII.).

2°. L'accord *ré fa ſol* ✻ *ſi*, composé de tierce, triton & ſixte; on le nomme *accord de triton & tierce mineure*, & on le chiffre ainſi ✻4 ♭ (*Voyez* LXXXIV.).

3°. L'accord *fa ſol* ✻ *ſi ré*, composé de ſeconde ſuperflue, triton & ſixte; on le nomme *accord de ſeconde ſuperflue*, & on le chiffre ainſi ✻2 ou +2 (*Voy.* LXXXV).

223. De plus, puiſque l'accord *ſol* ✻ *ſi ré fa* repréſente l'accord *mi ſol* ✻ *ſi ré*, il s'enſuit que ſi on pratique la ſuppoſition ſur le premier de ces accords, il faudra la pratiquer comme ſur l'accord *mi ſol* ✻ *ſi ré*; c'eſt-à-dire qu'il faudra ajoûter à l'accord *ſol* ✻ *ſi ré fa*, les notes *ut* ou *la*, qui ſont la tierce ou la quinte au-deſſous de *mi*, ce qui donnera :

1°. En ajoûtant *ut*, l'accord *ut sol* ✻ *si ré fa*, ou *ut fa sol* ✻ *si ré*, composé de quarte, quinte superflue, septiéme & neuviéme; on l'appelle *accord de quarte & quinte superflue*, & on le chiffre ainsi $\overset{+5}{4}$ ou $\overset{✻5}{4}$. (*Voy.* *LXXXVI.*)

2°. En ajoûtant *la*, on aura l'accord *la sol* ✻ *si ré fa*, ou *la si ré fa sol* ✻, composé de seconde, quarte, sixte & septiéme superflue; on l'appelle *accord de septiéme superflue & sixte mineure*, & on le chiffre ainsi $\overset{+7}{\flat 6}$ ou $\overset{✻7}{6\flat}$. *Voyez LXXXVII* (*hhh*).

On peut voir dans le *Traité de l'Harmonie* de M. Rameau, un plus long détail sur les différentes sortes d'accords par supposition; nous ne donnons ici que des Elémens.

(*hhh*) Comme l'accord de septiéme diminuée *sol* ✻ *si ré fa*, & l'accord de dominante tonique *mi sol* ✻ *si ré*, ne different l'un de l'autre que par les notes *mi* & *fa*; on peut former un chant diatonique de ces deux notes, & pour lors la basse fondamentale ne fait que passer de la dominante tonique à la note sensible, & de cette note à la dominante tonique, jusqu'à ce qu'on arrive à la tonique (*Voy.* *XCII.*).

Par la même raison, comme l'accord de septiéme diminuée *sol* ✻ *si ré fa*, & l'accord *si ré fa la*, que porte la quinte *si* de la dominante tonique *mi*, ne different que par la note sensible *sol* ✻, & la tonique *la*; on peut quelquefois, tandis que le dessus chante *sol* ✻ *la sol* ✻ *la sol* ✻ *la*, monter dans la basse fondamentale, de la note sensible à la tierce au-dessus, pourvû que l'on descende enfin de-là à la dominante tonique, & de-là à la tonique (*Voyez XCIII*). Au reste, cet exemple & le précédent sont des licences.

CHAPITRE X.

De quelques licences du deſſus, & de la baſſe continue.

224. QUelquefois dans un deſſus, la diſſonance qui devroit être ſauvée en deſcendant diatoniquement ſur la note ſuivante, monte au contraire diatoniquement au lieu de deſcendre : mais alors la note ſur laquelle elle doit deſcendre ſe trouve dans quelques-unes des autres parties. Cette licence doit ſe pratiquer rarement.

225. Quelquefois auſſi, pour rendre une baſſe continue plus agréable en la faiſant proceder diatoniquement, on inſere entre deux ſons de cette baſſe une note qui n'appartient point à leur accord. *Voyez l'exemple XCIV*, où la baſſe fondamentale *ſol ut* donne la baſſe continue *ſol la ſi ſol ut*, où *la* eſt ajoûté pour le chant diatonique ; ce *la* eſt couvert d'une barre pour indiquer qu'il porte l'accord *ſol ſi ré fa*, ou *ſi ré fa ſol*.

De même (*Voyez XCV.*) cette baſſe fondamentale *ut fa*, peut donner la baſſe continue *ut ré mi ut fa*, où la note *ré* ajoûtée, porte l'accord parfait *ut mi ſol ut*, auquel on la joint.

CHAPITRE XI.

Où l'on enseigne à trouver la basse fondamentale, quand la basse continue est chiffrée.

226. POur s'exercer plus facilement à trouver la basse fondamentale, & se la rendre plus familiere, il est nécessaire de voir comment les grands Maîtres, surtout M. Rameau, en ont pratiqué les regles. Or, comme ils ne mettent jamais dans leurs Ouvrages que la basse continue, il est donc nécessaire de sçavoir retrouver la basse fondamentale quand la basse continue est chiffrée. Ce problême est bien facile à résoudre par les regles suivantes :

227. 1°. Toute note qui n'a aucun chiffre dans la basse continue, doit être la même & sans chiffre dans la basse fondamentale ; & elle est tonique, ou censée telle.

2°. Toute note qui porte un 6 dans la basse continue, doit donner à la basse fondamentale sa tierce au-dessous non chiffrée, ou sa quinte au-dessous chiffrée d'un 7. Nous distinguerons plus bas ces deux cas (*Voyez LVI & LXIV. & la note iii*).

3°. Toute note portant $\frac{6}{4}$ donne à la basse

fondamentale sa quinte au-dessous non chiffrée (*Voyez LVII.*).

4°. Toute note chiffrée d'un 7 ou d'un 7̸ est la même dans les deux basses, & avec le même chiffre.

5°. Toute note chiffrée d'un 2 donne à la basse fondamentale la note diatonique au-dessus chiffrée d'un 7 (*Voyez LXII.*).

6°. Toute note chiffrée d'un 4+ donne à la basse fondamentale la note diatonique au-dessus, chiffrée d'un 7 (*Voyez LXI.*)

7°. Toute note chiffrée d'un 5̸ donne la tierce au-dessous chiffrée d'un 7 (*Voyez LVIII.*).

8°. Toute note chiffrée d'un 6̸ donne la quinte au-dessous chiffrée d'un 7 (*Voyez LX.*) ; & il est évident, par l'article 212, que dans l'accord de septiéme dont il s'agit, la tierce doit être majeure, & la septiéme mineure, cet accord de septiéme étant un accord de dominante tonique.

9°. Toute note chiffrée d'un 9 donne la tierce au-dessus chiffrée d'un 7 (*Voyez LXXVII.*).

10°. Toute note chiffrée d'un $^{9}_{4}$ ou d'un $^{7}_{4}$ donne la quinte au-dessus chiffrée d'un 7 (*Voyez LXXVIII.*).

11°. Toute note chiffrée d'un ✕5 ou d'un

+5, donne la tierce au-dessus chiffrée d'un 7 ※ (*Voyez LXXXI.*).

12°. Toute note chiffrée d'un ※7 donne la quinte au-dessus chiffrée d'un 7 (*Voyez LXXVI.*).

13°. Toute note chiffrée d'un 4 donne la quinte au-dessus, ou ce qui est la même chose, la quarte au-dessous chiffrée d'un 7 (*Voyez LXXX.*)

14°. Toute note chiffrée d'un ※6 8 donne la tierce mineure au-dessous chiffrée d'un 7 (*Voyez LXXXIII.*).

15°. Toute note chiffrée d'un ※4 ♭ donne le triton au-dessus chiffré d'un 7 (*Voyez LXXXIV.*).

16°. Toute note chiffrée d'un +2 donne la seconde superflue au-dessus chiffrée d'un 7 (*Voyez LXXXV.*).

17°. Toute note chiffrée d'un ※5 4 donne la quinte superflue au-dessus chiffrée d'un 7 (*Voyez LXXXVI.*).

18°. Toute note chiffrée d'un ※7 ♭6 donne la seconde mineure au-dessous chiffée d'un 7, *voyez LXXXVII* (*iii*).

(*iii*) Au reste, nous supposons ici, & dans les articles précédens, que la basse continue soit chiffrée à la ma-

REMARQUE.

228. Nous avons omis deux cas qui peuvent causer quelque incertitude.

Le premier est celui où la note de basse continue est chiffrée d'un 6 : voici la raison de cette difficulté.

Supposons que l'on ait la dominante $\overset{7}{\textit{ré}}$ à la basse fondamentale, la note qui lui répond dans la basse continue pourra être *la* portant le chiffre 6 (*Voyez LXIV*), c'est-à-

niere de M. Rameau ; car il est bon d'observer qu'il n'y a peut-être pas deux Musiciens qui chiffrent de la même maniere, ce qui produit un grand inconvénient pour l'accompagnateur, comme on le verra dans l'article CHIFFRER, au troisiéme volume de l'Encyclopédie, article excellent, & dont M. Rousseau de Genéve est l'Auteur ; mais il n'est pas question ici de l'accompagnement. Nous exhortons donc les Commençans, par toutes sortes de raisons, à préférer les basses continues de M. Rameau, à toutes les autres, pour y étudier la basse fondamentale.

Je dois même avertir, & je l'ai déjà fait, que M. Rameau ne chiffre la petite sixte que d'un 6 non barré, lorsque cette petite sixte ne vient point d'un accord de dominante tonique ; de sorte que le chiffre 6 rend incertain s'il faut mettre à la basse fondamentale la tierce au-dessous ou la quinte au-dessous : mais il sera aisé de voir si c'est la tierce ou la quinte qu'il indique ; c'est ce qu'on distinguera : 1°. en voyant laquelle des deux notes est exclue par les regles de la basse fondamentale : 2°. si les deux notes peuvent également être mises à la basse fondamentale ; on se décidera par le ton ou mode dans lequel est le dessus. Nous donnerons dans les Chapitres suivans des regles pour déterminer le mode.

dire l'accord *la ut ré fa* ; or si on avoit la sous-dominante $\overset{6}{\textit{fa}}$ à la basse fondamentale, cette sous-dominante pourroit donner à la basse continue la même note *la* chiffrée d'un 6. Donc quand on trouve à la basse continue une note chiffrée d'un 6, il paroît d'abord incertain si l'on doit mettre à la basse fondamentale la quinte au-dessous chiffrée d'un 7, ou la tierce au-dessous chiffrée d'un 6.

229. Le second cas est celui où la basse continue est chiffrée d'un $^{6}_{5}$. Par exemple, si on trouve $\overset{6}{\underset{}{\overset{5}{\textit{fa}}}}$ à la basse continue, on ne sçait d'abord si l'on doit mettre à la basse fondamentale $\overset{6}{\textit{fa}}$ ou $\overset{7}{\textit{ré}}$ (*Voy. encore la note iii*).

230. On se tirera aisément de ce petit embarras en laissant pour un moment cette note incertaine en suspens, & en examinant quelle est la note suivante de la basse fondamentale ; car si cette note est dans le cas présent une quinte au-dessus de *fa*, c'est-à-dire si elle est *ut*, en ce cas, & en ce seul cas, on mettra $\overset{6}{\textit{fa}}$ à la basse fondamentale ; c'est une suite de cette regle, que dans la

basse fondamentale, toute sous-dominante doit monter de quinte (195) (*lll*).

CHAPITRE XII.

Ce que c'est qu'être dans un mode ou ton.

231. NOus avons expliqué dans la premiere partie de cet Ouvrage, comment au moyen de la note *ut*, & de ses deux quintes *sol* & *fa*, l'une en montant, qu'on appelle *dominante tonique*, l'autre en descendant

(*lll*) Quelquefois une note qui porte un 7 à la basse continue, donne à la basse fondamentale sa tierce au-dessus chiffrée d'un 6 : mais en ce cas, il faut que cette note chiffrée d'un 6 monte de quinte. Par exemple, cette basse continue

7 8
la si ut

donne cette basse fondamentale,

6 7
ut sol ut

elle pourroit aussi à la rigueur donner celle-ci,

7 7
la sol ut,

& en ce cas, on auroit à la basse continue, & à la basse fondamentale, la même note chiffrée d'un 7, suivant la regle prescrite; mais cette marche de basse fondamentale 7 7 *la sol* est une licence (*Voyez l'article 213.*).

dant qu'on nomme *ſous-dominante*, on trouve l'échelle *ut ré mi fa ſol la ſi ut*; les différens ſons qui forment cette échelle compoſent ce qu'on appelle le *mode majeur d'*ut , parce que la tierce *mi* au-deſſus d'*ut* eſt majeure : ainſi pour qu'un chant ſoit dans le mode majeur d'*ut*, il faut qu'il n'y entre point d'autres ſons que ceux qui compoſent cette échelle ; de ſorte que ſi je trouve , par exemple , un *fa* ✕ dans le chant, ce *fa* ✕ me fait voir que je ne ſuis pas dans le mode d'*ut*, ou du moins que je n'y ſuis plus.

232. De même , ſi je forme cette échelle ou gamme en montant *la ſi ut* ✕ *ré mi fa* ✕ *ſol* ✕ *la*, parfaitement ſemblable à la gamme *ut ré mi fa ſol la ſi ut* du mode majeur d'*ut*; cette échelle , dans laquelle la tierce de *la* à *ut* ✕ eſt majeure , ſera dans le *mode majeur* de *la* ; & ſi je veux être dans le mode mineur de *la* , je n'ai qu'à ſubſtituer à l'*ut* dièze l'*ut* naturel , afin que la tierce majeure *la ut* ✕ devienne mineure *la ut* , j'aurai

la ſi ut ré mi fa ✕ *ſol* ✕ *la* ,

qui eſt (*87.*) l'échelle du mode mineur de *la* en montant ; & l'échelle du mode mineur de *la* en deſcendant , ſera (*93.*)

la ſol fa mi ré ut ſi la ,

dans laquelle le *ſol* & le *fa* ne ſont plus diézes ; car c'eſt une ſingularité propre au mode mineur, que ſon échelle n'eſt pas la même en montant qu'en deſcendant (91.).

233. Voilà pourquoi, lorſqu'on veut commencer une piece dans le mode majeur de *la*, on met trois diézes à la clef ſur *fa*, *ut* & *ſol*; & qu'au contraire, dans le mode mineur de *la*, on ne met rien, parce que le mode mineur de *la*, en deſcendant, n'a ni diézes ni bémols.

234. Comme la gamme contient douze ſons diſtans l'un de l'autre d'un demi-ton chacun, il eſt viſible que chacun de ces ſons peut fournir un mode majeur & un mode mineur, ce qui fait vingt-quatre modes en tout : nous en allons donner la table, qui peut être fort utile pour reconnoître le mode où l'on eſt.

TABLE DES DIFFÉRENS MODES.

Modes majeurs.

Mode maj.	
d'*ut*	*ut ré mi fa ſol la ſi ut.*
de *ſol*	*ſol la ſi ut ré mi fa* ※ *ſol.*
de *ré*	*ré mi fa* ※ *ſol la ſi ut* ※ *ré.*
de *la*	*la ſi ut* ※ *ré mi fa* ※ *ſol* ※ *la.*
de *mi*	*mi fa* ※ *ſol* ※ *la ſi ut* ※ *ré* ※ *mi.*
de *ſi*	*ſi ut* ※ *ré* ※ *mi fa* ※ *ſol* ※ *la* ※ *ſi.*

de *fa* ※ — *fa* ※ *sol* ※ *la* ※ *si ut* ※ *ré* ※ *mi* ※ *fa* ※ (*mmm*)

de *ut* ※ ou *ré* ♭ } *ré* ♭ *mi* ♭ *fa sol* ♭ *la* ♭ *si* ♭ *ut ré* ♭.

de *sol* ※ ou *la* ♭ } *la* ♭ *si* ♭ *ut ré* ♭. *mi* ♭ *fa sol la* ♭.

de *ré* ※ ou *mi* ♭ } *mi* ♭ *fa sol la* ♭ *si* ♭ *ut ré mi* ♭.

de *la* ※ ou *si* ♭ } *si* ♭ *ut ré mi* ♭ *fa sol la si* ♭.

de *mi* ※ ou *fa* } *fa sol la si* ♭ *ut ré mi fa*.

de *si* ※ ou *ut*. } *ut ré mi fa sol la si ut*.

(*mmm*) Les modes majeurs de *fa* ※, d'*ut* ※ ou *ré* ♭, & de *sol* ※ ou *la* ♭, font peu usités ; dans l'Opéra de *Pyrame & Thisbé*, *pag.* 267, il y a une portion de scene dont une partie est dans le mode majeur de *fa* ※, & l'autre dans le mode majeur d'*ut* ※, & il y a six diézes à la clef. Je n'en connois point d'autres exemples.

Lorsqu'une piece commence en *ut* ※, on devroit mettre sept diézes à la clef : mais il est plus commode de ne mettre que cinq bémols, & de mettre la piece en *ré* ♭, qui revient au même que *ut* ※ : c'est pour cela que nous substituons ici le mode de *ré* ♭ à celui d'*ut* ※.

Il est encore bien plus nécessaire de substituer le mode de *la* ♭ à celui de *sol* ※ ; car l'échelle du mode de *sol* ※ est

sol ※, *la* ※, *si* ※, *ut* ※, *ré* ※, *mi* ※, *sol sol* ※,

dans laquelle on voit qu'il y a tout-à-la-fois un *sol* naturel & un *sol* ※ ; il faudroit donc tout-à-la-fois qu'il y eût un diéze sur le *sol* à la clef, & qu'il n'y en eut pas, ce qui est choquant. Il est vrai qu'on pourroit éviter cet inconvénient en mettant un diéze sur le *sol* à la clef, & en mettant dans la suite de la Piece un bécare avant le *sol*, lorsqu'il devroit être naturel ; mais cela deviendroit embarrassant, surtout si on vouloit *transposer*. Nous dirons à l'article 236, ce que c'est que transposer. En substituant *la* ♭ à *sol* ※, il n'y a plus d'embarras.

Modes mineurs.

De *la.*

En descendant. *la sol fa mi ré ut si la.*
En montant. *la si ut ré mi fa* ※ *sol* ※ *la.*

De *mi.*

En descendant. *mi ré ut si la sol fa* ※ *mi.*
En montant. *mi fa* ※ *sol la si ut* ※ *ré* ※ *mi.*

De *si.*

En descendant. *si la sol fa* ※ *mi ré ut* ※ *si.*
En montant. *si ut* ※ *ré mi fa* ※ *sol* ※ *la* ※ *si.*

De *fa* ※.

En descendant. *fa* ※ *mi ré ut* ※ *si la sol* ※ *fa* ※.
En montant. *fa* ※ *sol* ※ *la si ut* ※ *ré* ※ *mi* ※ *fa* ※.

De *ut* ※.

En descendant. *ut* ※ *si la sol* ※ *fa* ※ *mi ré* ※ *ut.*
En montant. *ut* ※ *ré* ※ *mi fa* ※ *sol* ※ *la* ※ *si* ※ *ut* ※.

De *sol* ※ ou *la* ♭.

En descendant. *sol* ※ *fa* ※ *mi ré* ※ *ut* ※ *si la* ※ *sol* ※.
En montant. *la* ♭ *si* ♭ *ut* ♭ *ré* ♭ *mi* ♭ *fa sol la* ♭.

De *ré* ※ ou *mi* ♭.

En descendant. *mi* ♭ *ré* ♭ *ut* ♭ *si* ♭ *la* ♭ *sol* ♭ *fa mi* ♭.
En montant. *mi* ♭ *fa sol* ♭ *la* ♭ *si* ♭ *ut ré mi* ♭.

De *la* ※ ou *ſi* ♭.

En deſcendant.	*ſi* ♭ *la* ♭ *ſol* ♭ *fa mi* ♭ *ré* ♭ *ut ſi* ♭.
En montant.	*ſi* ♭ *ut ré* ♭ *mi* ♭ *fa ſol la ſi* ♭.

De *mi* ※ ou *fa*.

En deſcendant.	*fa mi* ♭ *ré* ♭ *ut ſi* ♭ *la* ♭ *ſol fa*.
En montant.	*fa ſol la* ♭ *ſi* ♭ *ut ré mi fa*.

De *ut*.

En deſcendant.	*ut ſi* ♭ *la* ♭ *ſol fa mi* ♭ *ré ut*.
En montant.	*ut ré mi* ♭ *fa ſol la ſi ut*.

De *ſol*.

En deſcendant.	*ſol fa mi* ♭ *ré ut ſi* ♭ *la ſol*.
En montant.	*ſol la ſi* ♭ *ut ré mi fa* ※ *ſol*.

De *ré*.

En deſcendant.	*ré ut ſi* ♭ *la ſol ſa mi ré*.
En montant.	*ré mi fa ſol la ſi ut* ※ *ré*.

235. Voilà donc tous les modes, tant majeurs que mineurs : ceux qui ſont chargés de diézes ou de bémols ſont peu uſités, étant d'une trop difficile exécution.

236. De-là il s'enſuit :

1°. Que quand il n'y a ni diézes ni bémols à la clef, c'eſt une marque que la piece commence en *ut* majeur, ou en *la* mineur.

2°. Que quand il y a un ſeul diéze, il

doit toûjours être mis sur le *fa*, & que la piece commence en *sol* majeur, ou en *mi* mineur ; de sorte qu'on peut la chanter comme s'il n'y avoit point de diéze, en disant *si* au lieu de *fa* ※, & chantant l'air comme s'il étoit sur une autre clef. Par exemple, qu'il y ait un diéze sur le *fa* à la clef de *sol* sur la premiere ligne, alors on peut chanter l'air comme s'il n'y avoit point de diézes, & qu'au lieu de la clef de *sol* sur la premiere ligne, ce fût la clef d'*ut* ; car le *fa* ※ étant changé en *si*, la clef de *sol* se change en clef d'*ut*, comme on le peut voir aisément : c'est ce qu'on nomme *transposer*.

237. Il est évident que dès que *fa* ※ se change en *si*, *sol* se change en *ut*, & *mi* en *la*. Ainsi en transposant, l'air se chante comme s'il étoit dans le mode majeur d'*ut*, ou dans le mode mineur de *la*. Donc les modes de *sol* majeur, & de *mi* mineur, se réduisent par la *transposition*, à ceux d'*ut* majeur, & de *la* mineur. Il en est de même de tous les autres modes, comme on peut aisément s'en convaincre (*nnn*).

(*nnn*) Deux diézes, *fa* ※ & *ut* ※ indiquent le mode majeur de *ré*, ou le mineur de *si* ; & alors *ut* ※, par la transposition, se change en *si*, & par conséquent *ré* en *ut* & *si* en *la*.

Trois diézes, *fa* ※ *ut* ※ *sol* ※, indiquent le mode ma-

CHAPITRE XIII.

Trouver la basse fondamentale d'un chant donné.

238. COmme nous avons réduit à un fort petit nombre les regles de la basse fondamentale, & celles que le dessus

jeur de *la*, ou le mineur de *fa* ※ ; & c'est alors *sol* ※ qui se change en *si*, & par conséquent *la* en *ut*, & *fa* ※ en *la*.

Quatre diézes, *fa* ※ *ut* ※ *sol* ※ *re* ※, indiquent le mode majeur de *mi*, & le mineur d'*ut* ※ ; alors le *ré* ※ se change en *si*, & par conséquent *mi* en *ut*, & *ut* ※ en *la*.

Cinq diézes, *fa* ※ *ut* ※ *sol* ※ *ré* ※ *la* ※, indiquent le mode majeur de *si*, ou le mineur de *sol* ※ ; alors *la* ※ se change en *si*, & par conséquent *si* en *ut*, & *sol* ※ en *la*.

Six diézes, *fa* ※ *ut* ※ *sol* ※ *ré* ※ *la* ※ *mi* ※, indiquent le mode majeur de *fa* ※ ; alors *mi* ※ se change en *si*, & par conséquent *fa* ※ en *ut*.

Six bémols, *si* ♭ *mi* ♭ *la* ♭ *re* ♭ *sol* ♭ *ut* ♭, indiquent le mode mineur de *mi* ♭ ; *ut* ♭ se change en *fa*, & par conséquent *mi* ♭ en *la*.

Cinq bémols, *si* ♭ *mi* ♭ *la* ♭ *ré* ♭ *sol* ♭, indiquent le mode majeur de *ré* ♭, ou le mode mineur de *si* ♭ ; alors le *sol* ♭ se change en *fa*, & par conséquent le *ré* ♭ en *ut*, & le *si* ♭ en *la*.

Quatre bémols, *si* ♭ *mi* ♭ *la* ♭ *re* ♭, indiquent le mode majeur de *la* ♭, ou le mode mineur de *fa* ; alors *ré* ♭ se change en *fa*, & par conséquent *la* ♭ en *ut*, & *fa* en *la*.

Trois bémols, *si* ♭ *mi* ♭ *la* ♭, indiquent le mode majeur de *mi* ♭, ou le mineur d'*ut* ; alors le *la* ♭ se change en *fa*, & par conséquent *mi* ♭ en *ut*, & *ut* en *la*.

Deux bémols, *si* ♭ *mi* ♭, indiquent le mode majeur de *si* ♭, ou le mode mineur de *sol* ; alors le *mi* ♭ se change en

doit obſerver par rapport à cette baſſe, il ne doit plus être difficile de trouver la baſſe

fa, & par conſéquent le *ſi* ♭ en *ut*, & le *ſol* en *la*.

Un bémol *ſi* ♭, indique le mode majeur de *fa*, ou le mode mineur de *ré*, & le *ſi* ♭ ſe change en *fa*, par conſéq ent le *fa* ſe change en *ut*, & le *ré* en *la*.

Donc tous les modes majeurs peuvent ſe réduire au mode d'*ut*, & les mineurs à celui de *la*.

Il faut remarquer, au reſte, que pluſieurs Muſiciens, entr'autres preſque tous les Muſiciens François, excepté M. Rameau, mettent un bémol de moins dans le mode mineur; enſorte que dans le mode mineur de *ré*, ils ne mettent rien à la clef; dans le mode mineur de *ſol*, un bémol ſeulement; dans le mode mineur d'*ut*, deux bémols, *&c.*

Cela eſt aſſez indifférent en ſoi-même, & ne vaut guere la peine de diſputer : cependant la méthode que nous donnons ici, d'après M. Rameau, a l'avantage de réduire tous les modes à deux, & d'ailleurs elle eſt fondée ſur cette regle très-ſimple & très-générale, *que dans le mode majeur, il faut mettre autant de diezes, ou de bémols à la clef, que l'échelle diatonique du mode en contient en montant; & dans le mode mineur, autant que cette même échelle en contient en deſcendant.*

Quoi qu'il en ſoit, voici pour la tranſpoſition une regle qui me paroit plus ſimple que la regle ordinaire.

Pour les diézes.

Dites *ſol*, *ré*, *la*, *mi*, *ſi*, *fa*, & changez *ſol* en *ut*, s'il y a un diéze à la clef; *ré* en *ut*, s'il y a deux diézes; *la* en *ut*, s'il y en a trois, *&c.*

Pour les bémols.

Dites *fa*, *ſi*, *mi*, *la*, *re*, *ſol*, & changez *fa* en *ut*, s'il y a un bémol à la clef: *ſi* en *ut*, s'il y a deux bémols; *mi* en *ut*, s'il y en trois, *&c.*

fondamentale d'un chant donné, & ſouvent même d'en trouver pluſieurs ; car toute baſſe fondamentale ſera bonne, lorſqu'elle ſera formée ſuivant les regles que nous avons données (*Chap. VI.*), & qu'outre cela les diſſonances que le chant fera avec cette baſſe ſeront préparées, ſi elles ont beſoin de l'être, & toûjours ſauvées (*ooo*).

239. Il eſt d'une grande utilité dans la recherche de la baſſe fondamentale, de ſça-

(*ooo*) On dit ſouvent *être dans un ton*, pour *être dans un mode* ; ainſi les expreſſions ſuivantes ſont ſynonymes : *telle Piece eſt en* ut *majeur*, ou *dans le mode d'*ut *majeur*, ou *dans le ton d'*ut *majeur*.

Nous avons vû que l'échelle diatonique ou gamme des Grecs étoit *la ſi ut ré mi fa ſol la* (*Art. 49.*). On a imaginé de repréſenter chacun des ſons de cette échelle par une des lettres de l'alphabet ; *la* par A, *ſi* par B, *ut* par C, &c. c'eſt de-là que ſont venues ces façons de parler : telle Piece eſt en *A mi la mineur*, en *C ſol ut majeur*, pour dire qu'elle eſt en *la mineur*, en *ut majeur* ; cette derniere façon de parler eſt plus courte, auſſi commence-t-elle à devenir commune.

On dit de même la clef de *F ut fa*, la clef de *G re ſol*, &c. pour dire la clef de *fa*, la clef de *ſol*, &c.

On dit auſſi prendre l'*A mi la*, donner l'*A mi la*, c'eſt-à-dire prendre l'uniſſon d'un certain *la* du clavecin, lequel *la* eſt celui qui occupe la cinquiéme ligne, ou la ligne ſupérieure dans la premiere clef de *fa*. Ce *la* partage par le milieu les deux octaves que nous avons remarqué qu'il y a depuis le *ſol* en bas de la premiere clef de *fa*, juſqu'au *ſol* en bas de la ſeconde clef de *ſol* ; & comme il tient, pour ainſi dire, le milieu entre les ſons les plus aigus & les plus graves, on l'a choiſi pour être le ſon par rapport auquel toutes les voix & les inſtrumens doivent s'accorder dans un concert.

voir dans quel ton ou mode eſt le chant ; on en verra la raiſon plus bas. Mais il eſt difficile de donner ſur cela des regles générales & abſolument ſans exception, & ſans laiſſer rien d'arbitraire, parce que quelquefois il eſt libre de rapporter un chant à tel ou tel mode ; par exemple, ce chant *ſol ut* peut appartenir à tous les modes, tant majeurs que mineurs, où *ſol* & *ut* ſe rencontrent, & chacun de ces deux ſons peut même être regardé comme appartenant à un mode différent.

240. Au reſte, on peut quelquefois, ce me ſemble, ſe paſſer de la connoiſſance du mode pour deux raiſons : 1°. parce que les mêmes ſons appartenant à pluſieurs modes différens, le mode eſt quelquefois aſſez indéterminé, ſur-tout dans le milieu d'une piece, & dans une ou deux meſures : 2°. parce que ſans ſe mettre en peine du mode, il ſuffit ſouvent, pour ne point s'égarer, d'obſerver de la maniere la plus ſimple, les regles données ci-deſſus (*Chap. VI.*) pour la marche de la baſſe fondamentale.

241. Cependant il eſt ſur-tout néceſſaire de ſçavoir dans quel mode on eſt au commencement de la piece, parce qu'il faut que la baſſe fondamentale commence par ce même mode, & que le deſſus & la baſſe finiſſent auſſi dans ce même mode, & même

par la note fondamentale du mode, qui est *ut* dans le mode d'*ut*, *la* dans celui de *la*, &c. D'ailleurs dans les endroits du chant où il y a repos, il faut ordinairement que le mode de la basse fondamentale soit le même que celui du chant.

242. Pour sçavoir en quel ton une piece commence, tout se réduit à sçavoir distinguer le mode majeur d'*ut* du mode mineur de *la*. Car nous avons vû (*Chap. précédent.*) que tous les modes se réduisent à ces deux là, du moins au commencement d'une piece. Or voici les différens moyens de distinguer ces deux modes.

1°. Les sons principaux & caractéristiques du mode, qui sont *ut mi sol* dans l'un, & *la ut mi* dans l'autre; ensorte que si une piece commence, par exemple, ainsi, *la ut mi la*, je puis conclurre presque toûjours, que le ton ou mode est en *la* mineur, quoique les sons *la ut mi* appartiennent au mode d'*ut*.

2°. La *note sensible*, qui est *si* dans l'un & *sol* ✳ dans l'autre, de maniere que si je vois *sol* ✳ dès les premieres mesures de la piece, je suis assuré d'être dans le mode de *la*.

3°. Les adjoints du mode, c'est-à-dire les modes de ses deux quintes, qui sont *fa* & *sol* pour *ut*, & *ré* & *mi* pour *la*. Par exemple, si après avoir commencé un chant par des notes communes au mode d'*ut*, & au mode de *la* (comme *mi ré mi fa mi ré ut si ut*), je rencontre ensuite le mode de *sol*, ce que je reconnois par le *fa* ✳, ou le mode de *fa* que je reconnois par le *si* ♭ & l'*ut* naturel, je puis conclurre que j'ai commencé dans le mode d'*ut* : mais si je rencontre le mode de *ré* ou celui de *mi*, ce que je reconnois par le *si* ♭, ou l'*ut* ✳, ou le *ré* ✳, &c. j'en conclus que j'ai commencé dans le mode de *la*.

4°. Un mode ne cesse ordinairement, surtout dans le commencement d'une piece, que pour passer dans l'un ou l'autre de ses modes les plus relatifs, qui sont le mode de sa quinte au-dessus, & celui de sa tierce au-dessous. Ainsi les modes les plus relatifs du mode majeur d'*ut*, sont le mode de *sol* majeur, & celui de *la* mineur. On passe ordinairement du mode d'*ut* dans l'un ou l'autre de ces modes, de sorte qu'on peut quelquefois juger du mode principal où on est, par le mode relatif qui le suit ou qui le précede, lorsque ce mode relatif est bien décidé. Au reste, outre ces deux modes relatifs, il y en a encore deux autres dans lesquels le mode principal passe, mais plus rarement, sçavoir le mode de sa quinte au-dessous, & celui de sa tierce au-dessus, comme *fa* & *mi* pour le mode d'*ut*.

5°. Le mode se reconnoît encore par les repos du chant. Ces repos doivent se trouver de deux en deux mesures, ou au moins de quatre en quatre, comme dans la basse fondamentale: or la note de basse fondamentale qui convient à ces repos est toûjours facile à trouver. On peut voir ce que dit là-dessus M. Rameau, *page 54 de son nouveau systême de Musique théorique & pratique.*

Quand une fois on connoît le mode, & qu'on s'en est assuré par les moyens différens que nous venons d'indiquer, la basse fondamentale coûtera peu de peine.

Car dans chaque mode, il y a trois sons fondamentaux:

1°. La tonique du mode, ou le son principal, qui porte toûjours l'accord parfait majeur ou mineur, selon que le mode est majeur ou mineur.

Mode majeur.	*ut*	*mi*	*sol*	*ut*
Mode mineur.	*la*	*ut*	*mi*	*la.*

2°. La dominante tonique, qui est la quinte au-dessus de la tonique, & qui, soit dans le mode majeur, soit dans le mineur, porte toûjours un accord de septiéme composé d'une tierce majeure ſuivie de deux tierces mineures.

Dominante tonique.

Mode majeur d'*ut*. *ſol* *ſi* *ré* *fa*.

Dominante tonique.

Mode mineur de *la*. *mi* *ſol*✕*ſi* *ré*.

3°. La ſous-dominante, qui eſt la quinte au-deſſous de la tonique, & qui porte un accord compoſé de tierce, quinte & ſixte majeure, la tierce étant majeure ou mineure, ſelon que le mode eſt majeur ou mineur.

Sous-dominante.

Mode majeur d'*ut*. *fa* *la* *ut* *ré*.

Mode mineur de *la*. *ré* *fa* *la* *ſi*.

Ces trois ſons, la tonique, la dominante tonique & la ſous-dominante, contiennent dans leurs accords tous les ſons qui entrent dans la gamme du mode, enſorte que le chant étant donné, on peut trouver preſque toûjours lequel de ces trois ſons doit être mis à la baſſe fondamentale ſous une note du chant. Cependant il arrive quelquefois qu'aucun de ces ſons ne peut être employé. Par exemple, je ſuppoſe que je ſois dans le mode d'*ut*, & que je trouve dans le chant ces deux notes conſécutives *la ſi* : ſi je me borne à mettre à la baſſe fondamentale un des trois ſons *ut*, *ſol*, *fa*, je ne trouverai pour le chant *la ſi*, que cette baſſe fondamentale $\overset{6}{\textit{fa}}$ $\overset{7}{\textit{ſol}}$; or une telle ſucceſſion de $\overset{6}{\textit{fa}}$ à $\overset{7}{\textit{ſol}}$ eſt interdite par la cinquiéme regle de la baſſe fondamentale, ſuivant laquelle toute ſous-dominante comme $\overset{6}{\textit{fa}}$, doit monter de quinte ; de ſorte que $\overset{6}{\textit{fa}}$ ne peut être ſuivi que d'*ut* dans la baſſe fondamentale, & non pas de $\overset{7}{\textit{ſol}}$.

Pour remédier à cet inconvénient, on renverſe l'accord de ſous-dominante *fa la ut ré*, en accord de ſeptiéme de cette maniere *ré fa la ut*, ce qu'on appelle le *double emploi* (*Art.* 105.), parce que c'eſt une ſeconde maniere d'employer l'accord de la ſous-dominante ; & on donne par ce moyen au chant *la ſi*, cette baſſe fondamentale $\overset{7}{\textit{ré}}$ $\overset{7}{\textit{ſol}}$, dont la marche eſt conforme aux regles.

Voilà donc quatre accords *ut mi ſol ut*, *ſol ſi ré fa*, *fa la ut ré*, *ré fa la ut*, qu'on peut employer dans le mode majeur d'*ut*.

On trouvera de même dans le mode mineur de *la* ces quatre accords

la ut mi la, *mi ſol* ♯ *ſi ré*,

ré fa la ſi, *ſi ré fa la*,

& dans ce mode on change quelquefois le dernier de ces accords en *ſi ré fa* ♯ *la*, ſubſtituant le *fa* ♯ au *fa* naturel ; par exemple, ſi j'ai ce chant dans le mode mineur de *la*, *mi fa* ♯ *ſol* ♯ *la*, je ferai porter à la premiere note *mi* l'accord parfait *la ut mi la*, à la ſeconde *fa* ♯ l'accord de ſeptiéme *ſi ré fa* ♯ *la*, à la troiſiéme *ſol* ♯ l'accord de dominante tonique *mi ſol* ♯ *ſi ré*, & enfin l'accord parfait *la ut mi la*, à la derniere.

Au contraire ſi j'ai ce chant toûjours dans le mode mineur, *la la ſol* ♯ *la*, le ſecond *la* étant ſyncopé ; je lui donnerai la même baſſe qu'au chant *mi fa* ♯ *ſol* ♯ *la*, avec cette ſeule différence, que je pourrai ſubſtituer le *fa* naturel au *fa* ♯ dans l'accord de *ſi ré fa* ♯ *la*, pour mieux déſigner le mode mineur.

Outre ces accords dont nous venons de faire mention, & qu'on peut regarder comme les principaux du mode, il y en a encore beaucoup d'autres ; par exemple cette ſuite de dominantes

ut

7 7 7 7 7 7 7 7 7 7
ut la ré ſol ut fa ſi mi la ré ſol ut,

qui ſe termine de part & d'autre par la tonique *ut*, appartient toute entiere au mode d'*ut*, parce qu'aucune de ces dominantes n'eſt dominante tonique, excepté *ſol*, qui eſt la dominante tonique du mode d'*ut*; & que d'ailleurs l'accord de chacune de ces dominantes n'eſt formé que de ſons qui appartiennent à la gamme d'*ut*.

Mais ſi je formois cette baſſe fondamentale

7 7 7 7♭
ut la ré ſol ut,

en rendant le dernier *ut* dominante tonique en cette ſorte *ut mi ſol ſi* ♭, alors le mode changeroit à ce ſecond *ut*, & on entreroit dans le mode de *fa*, parce que l'accord *ut mi ſol ſi* ♭ indique la dominante tonique du mode de *fa*: d'ailleurs, il eſt évident qu'on change de mode, puiſque *ſi* ♭ n'appartient point à la gamme d'*ut*.

De même ſi je formois cette baſſe fondamentale

7 7 7 6
ut la ré ſol ut,

en rendant le dernier *ut* ſous-dominante en cette ſorte *ut mi ſol la*, ce dernier *ut* indiqueroit le mode de *sol*, dont *ut* est la sous-dominante.

De même encore si dans la premiere suite de dominantes, je faisois porter la tierce majeure au premier *ré* en cette sorte *ré fa* ✕ *la ut*, ce *ré* devenu dominante tonique, m'indiqueroit le mode majeur de *sol*, & le *sol*^{7} qui le suivroit, portant l'accord *si ré fa*, retomberoit dans le mode d'*ut*, d'où l'on étoit parti.

De même enfin si dans cette suite de dominantes, on faisoit porter au *si* le *fa* ✕ en cette sorte, *si ré fa* ✕ *la*, ce *fa* ✕ indiqueroit qu'on est sorti du mode d'*ut*, pour entrer dans celui de *sol*.

De-là il est facile de former cette regle pour reconnoître les changemens de mode dans la basse fondamentale.

1°. Lorsqu'on trouve une tonique dans la basse fondamentale, on est dans le mode de cette tonique, & le mode est majeur ou mineur, selon que l'accord parfait est majeur ou mineur.

2°. Lorsqu'on trouve une sous-dominante, on est dans le mode de la quinte au-dessus de cette sous-dominante, & le mode est majeur ou mineur, selon que la tierce est majeure ou mineure dans l'accord de cette sous-dominante.

3°. Lorſqu'on trouve une dominante tonique, on eſt dans le mode de la quinte au-deſſous de cette dominante tonique. Comme la dominante tonique porte toûjours la tierce majeure, on ne peut s'aſſurer par le ſecours de cette ſeule dominante, ſi le mode eſt majeur ou mineur : mais il n'y a qu'à jetter les yeux ſur la note ſuivante, qui doit être la tonique du mode où l'on eſt, on verra par la tierce de cette tonique ſi le mode eſt majeur ou mineur.

243. Tout changement de mode ſuppoſe un repos, & quand le mode change dans la baſſe fondamentale, c'eſt preſque toûjours ou après la tonique du mode où l'on étoit, ou après la dominante tonique de ce mode, cenſée pour lors tonique à la faveur d'un repos qui doit néceſſairement s'y trouver : de-là vient que les repos dans un chant annoncent ordinairement un changement de mode qui doit les ſuivre.

244. Toutes ces regles jointes à la table des modes que nous avons donnée (*Article* 234.) ſerviront à connoître dans quel ton on eſt au milieu d'une piece, ſur-tout dans les endroits eſſentiels, comme les repos. (*ppp*)

(*ppp*) Deux modes ſont d'autant plus relatifs, qu'ils ont plus de ſons communs ; par exemple, le mode majeur

Je joins ici le monologue d'Armide avec la basse continue & la basse fondamentale. Les changemens de mode se distingueront aisément dans la basse fondamentale, par les regles que nous venons de donner à la fin de l'article 242. Ce monologue servira de leçon de composition aux Commençans. M. Rameau le cite dans son *nouveau système de Musique*, comme un exemple de modulation parfaite, & très-simple (*Voyez Planche 6*).

CHAPITRE XIV.

Du chromatique & de l'enharmonique.

245. ON appelle *chromatique* un chant composé de plusieurs notes successives en montant ou en descendant par demi-tons. (*Voy. LXXXVIII & LXXXIX*).

246. Lorsque le chant est chromatique en

d'*ut* & le mode majeur de *sol*, ou le mode majeur d'*ut*, & le mode mineur de *la* : au contraire deux modes sont d'autant moins relatifs, qu'ils ont moins de sons communs ; par exemple, le mode majeur d'*ut*, & le mode majeur de *si*, &c.

Quand on se trouve entraîné par la suite de la modulation, c'est-à-dire par la maniere dont on a formé la basse fondamentale, dans un mode éloigné de celui par lequel une piece a commencé, il faut y rester peu, parce que l'oreille s'empresse toujours de revenir au premier mode.

descendant, la basse fondamentale la plus ordinaire, & la plus naturelle, est un enchaînement de dominantes toniques qui se suivent toutes en descendant de quinte, ou ce qui revient au même, en montant de quarte. *Voyez LXXXVIII* (*qqq*).

247. Lorsque le chant est chromatique en

(*qqq*) On peut aussi donner au chant chromatique en descendant, une basse fondamentale dans laquelle il entrera des accords de septiéme & de septiéme diminuée qui se succéderont par intervalles de fausses quintes & de quintes superflues; ainsi dans l'exemple XC, où la basse continue descend chromatiquement, on voit aisément que la basse fondamentale porte alternativement accord de septiéme & de septiéme diminuée, & que dans cette basse, il y a une fausse quinte du *re* au *sol* ※, une quinte superflue du *sol* ※ à l'*ut*, &c.

La raison de cette licence est, ce me semble, que l'accord de septiéme diminuée peut être censé représenter (*Art.* 221.) l'accord de dominante tonique; de sorte que cette basse fondamentale,

	7	7		7	7		7	7 ※	
la	*ré*	*sol* ※		*ut*	*fa* ※		*si*	*mi*	*la*,

(*Voyez exemple XCI.*) peut être censée représenter (116.) celle qui est écrite au-dessus,

	7	7 ※	7	7 ※	7	7 ※	
la	*ré*	*mi*	*ut*	*ré*	*si*	*mi*	*la*.

Or cette derniere basse fondamentale est formée suivant les regles ordinaires, si ce n'est qu'il y a une cadence rompue de *ré* à *mi* (7 ※), & deux cadences interrompues de *mi* à *ut*, & de *ré* à *si*, qui sont des licences (*Art.* 214.).

montant, on peut former la basse fondamentale par une suite de toniques & de dominantes toniques, qui se succédent alternativement par les intervalles de tierce en descendant, & de quarte en montant (*Voyez LXXXIX*).

248. A l'égard de l'enharmonique, il est fort rarement mis en usage, & nous en avons expliqué la formation dans le premier Livre, auquel nous renvoyons. Nous nous contenterons de dire qu'on trouve dans l'admirable monologue du quatriéme Acte de Dardanus, *Lieux funestes*, &c. un exemple de l'enharmonique ; un exemple du diatonique enharmonique dans le Trio des Parques, *où cours-tu malheureux*, d'Hippolite & Aricie ; & qu'il n'y a point d'exemple du chromatique enharmonique, du moins dans nos Opéras François. M. Rameau avoit fait un tremblement de terre dans ce genre pour le second Acte des *Indes Galantes*, mais il ne pût, dit-il, le faire exécuter en 1735 par l'Orchestre. Le *Trio des Parques d'Hippolite* n'a jamais été chanté à l'Opéra tel qu'il est : mais M. Rameau assure (& cela est vrai) que l'essai lui en avoit réussi avec d'habiles Musiciens de bonne volonté, & que l'effet en est surprenant.

CHAPITRE XV.

Du dessein, de l'imitation, & de la fugue.

249. EN Musique, on donne communément le nom de *dessein* à un certain chant qu'on veut faire régner dans la suite d'une piece, soit pour se conformer au sens des paroles, soit par goût ou par fantaisie. Dans ce dernier cas, on distingue le dessein en *imitation* & en *fugue*.

250. L'imitation consiste à faire répéter le chant d'une ou de plusieurs mesures dans une seule partie ou dans toutes, & sur tels différens modes que l'on veut. Lorsque toutes les parties répétent absolument le même chant, & commencent les unes après les autres, cela s'appelle *canon*. La *fugue* consiste à faire répéter alternativement ce chant dans le dessus, & dans la basse, ou même dans toutes les parties, s'il y en a plus de deux.

251. L'imitation & la fugue ont quelques regles de goût, que l'on peut voir *page 332 & suivantes du Traité de l'Harmonie* de M. Rameau, ainsi que le détail de ce qui regarde la composition à plusieurs parties. Les

principales regles de la composition à plusieurs parties sont, que les dissonances se trouvent, autant qu'il est possible, préparées & sauvées dans la même partie ; que la dissonance ne se trouve pas à la fois dans plusieurs sieurs parties, parce que sa dureté révolteroit l'oreille ; qu'il n'y ait dans aucune partie deux octaves ou deux quintes de suite, par rapport à la basse. On ne laisse pourtant pas de transgresser quelquefois ces préceptes, quand le goût & l'occasion l'exigent. En Musique, comme dans tous les beaux Arts, c'est à l'Artiste à donner, & à suivre les regles ; c'est à l'homme de goût & de génie à trouver les exceptions.

CHAPITRE XVI.

Définitions des différens airs.

252. JE finirai cet Ouvrage par dire en peu de mots en quoi consiste le caractere des différens airs auxquels on a donné des noms, comme *Chaconne*, *Menuet*, *Rigaudon*, &c.

La *Chaconne* est une longue piece de Musique à trois tems, dont le mouvement est moderé, & la mesure bien marquée. Elle eſt composée de pluſieurs couplets qu'on varie le plus qu'il eſt poſſible. Autrefois la baſſe de la Chaconne étoit une *baſſe contrainte* de 4 en 4 meſures, c'eſt-à-dire qui revenoit toûjours la même de 4 en 4 meſures ; aujourd'hui on ne s'aſtraint plus à cet uſage. La Chaconne commence pour l'ordinaire, non en frappant, mais au ſecond tems.

La *Vilanelle* eſt une chaconne un peu gaie, d'un mouvement un peu plus vif que la chaconne ordinaire.

La *Paſſacaille* ne differe de la chaconne qu'en ce qu'elle eſt plus lente, plus tendre, & qu'elle commence d'ordinaire en frappant.

Le *Menuet* eſt un air à trois tems d'un mouvement modéré, composé de deux parties qu'on recommence chacune deux fois, & que pour cette raiſon on appelle *repriſes* ; chaque repriſe du Menuet commence en frappant, & doit être de 4, de 8, de 12 meſures ; de maniere que les repos ſoient bien marqués de 4 en 4.

La *Sarabande* eſt proprement un menuet lent, & la *Courante*, une Sarabande fort lente : cette derniere n'eſt plus en uſage.

Le *Paſſepied* eſt proprement un menuet fort vif, qui ne commence pas en frappant, comme le menuet ordinaire ; mais dont les deux repriſes commencent au troiſiéme tems.

La *Loure* eſt un air dont le mouvement eſt grave, ſe marque de la meſure $\frac{6}{4}$, & ſe bat à deux tems; elle commence d'ordinaire en levant : on pointe ordinairement la note du milieu de chaque tems.

La *Gigue* n'eſt proprement qu'une Loure très-vive, & dont le mouvement eſt fort accéleré.

La *Forlane* a un mouvement moderé, moyen entre la Loure & la Gigue.

Le *Rigaudon* eſt à deux tems, composé de deux repriſes chacune de 4, de 8, de 12 *&c.* meſures; ſon mouvement eſt vif; chaque repriſe commence, non en frappant, mais à la derniere note du ſecond tems.

La *Bourée* eſt à peu près la même choſe que le Rigaudon.

La *Gavotte* eſt à deux tems, composée de deux repriſes, chacune de 4, de 8, de 12 meſures; le mouvement de la Gavotte eſt tantôt lent, tantôt gai; mais jamais extrêmement vif, ni exceſſivement lent.

Le *Tambourin* eſt à deux repriſes, chacune ordinairement de 4, de 8, de 12 meſures, *&c.* il ſe bat à deux tems très-vifs, & chaque repriſe commence pour l'ordinaire au ſecond tems.

La *Muſette* eſt à deux ou à trois tems;

ſon mouvement eſt moderé, & ſa baſſe eſt ſouvent composée d'une ſeule note qui fait tenue durant tout l'air.

FIN.

De l'Imprimerie de LE BRETON, Imprimeur ordinaire DU ROI, rue de la Harpe.

APPROBATION.

J'AI lû par l'ordre de Monſeigneur le Chancelier, un Manuſcrit intitulé *Elémens de Muſique théorique & pratique* : les ſyſtêmes dont l'expérience donne ou confirme les principes, peuvent ſeuls contribuer aux progrès des Arts & des Sciences : celui-ci me paroît un modele en ce genre ; l'ordre, la netteté & la préciſion en font le caractere. M. Rameau doit être flatté de voir à la portée de tout Lecteur intelligent, un ſyſtème dont il a découvert les principes, & qui, ce me ſemble, pour être approuvé, n'a beſoin que d'être connu. A Paris, ce 23 Novembre 1751.

CONDILLAC.

Fautes qu'il eſt néceſſaire de corriger avant que de lire cet Ouvrage.

P*Age 114, ligne 9, au lieu de* ou, *liſez* on.

Ibid. *ligne 10*, après l'*ut*, *ajoûtez*, & le *fa*. (*Cette addition eſt néceſſaire, parce que l'accord* ré fa la ut ※, *dans lequel l'*ut *ſeroit diéze ſans le* fa, *eſt exclu par l'article 179*).

Page 122, ligne 16, effacés quarte.

Page 134, ligne 13, au lieu de fauſſe quinte, *liſez* quinte ſuperflue.

ton ton demiton ton ton ton demiton

ut re mi fa sol la si VT

B ut re mi fa sol la si VT RE MI FA SOL &

Premiere Gamme. Deuxieme Gamme.

C

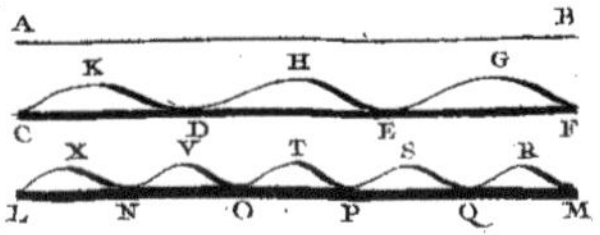

A B
K H G
C D E F
X V T S R
L N O P Q M

D

Echelle diatonique des Grecs.

Si Ut Re Mi Fa Sol La

Sol Ut Sol Ut Fa Ut Fa

Basse Fondamentale

E

Gamme ou Echelle des modernes.

Ut Re Mi Fa Sol Sol La Si Ut

Ut Sol Ut Fa Ut Sol Re Sol Ut

Basse Fondamentale.

F VT, VT *, re, re *, mi, mi * ou fa, fa *, SOL, sol *, LA, la *, si, si * ou ut, ut, ut *, RE, RE *, MI, MI * ou FA

Premiere Gamme. Deuxieme Gamme.

G

Premiere Echelle du mode mineur

Sol * La Si Ut Re Mi Fa

Tierce maj. Tierce min. Tierce min.

Mi La Mi La Re La Re

Basse Fondamentale.

H

Seconde Echelle du mode mineur.

La Si Ut Re Mi mi fa * Sol * La

La Mi La Re La Mi Si Mi La

Basse Fondamentale.

I

Gamme.

Ut Re Mi Fa Sol La Si Ut

Ut Sol Ut Fa Ut Re Sol Ut

Basse Fondamentale.

K

Genre Chromatique.

Echelle

Sol Sol * &c

Ut Mi Sol *

Basse Fond.

L

Echelle

Ut Mi Si *

Ut Mi Sol *

Basse Fond.

M

Echelle.

Fa Mi Mi Re *

Fa Ut Mi Si

Basse Fond.

N

Echelle

Mi♭ Mi Mi Mi Mi *

Ut Ut La Ut * Ut *

Basse Fond.

Pl. Iʳᵉ

O
P
Q
fa
ut
sol
la
re
ut
Sol
Sol
R
S
T
V
ou
Seconde mesure
1er tems
2e T. 3e T.
a deux Tems
X
ou
Y ronde
blanches
noires
croches
note pointée
&c
1re mesure
2e mesure
3e mesure
4e mesure
5e mesure
Z
1re mesure
2e
3e
4e
5e
6e
7e
&c
I.
II.
III.
IV.
V.
VI.
VII.
VIII.
IX.
X.
XI.
XII.
XIII.
XIV.
XV.
XVI.
XVII.
XVIII.
Chant ou Dessus
XIX.
XX.
XXI.
XXII.
XXIII.
XXIV.
XXV.
XXVI.
XXVII.
XXVIII.
Basse Fondamentale.

XXIX. XXX. XXXI. XXXII. XXXIII. XXXIV. XXXV. XXXVI. XXXVII.
XXXVIII. XXXIX. XL. XLI. XLII. XLIII. XLIV. XLV. XLVI.
Cadence parf.
Cad. imparf.
XLVII. XLVIII. XLIX. L. LI.
diss. preparée.
dissonance preparée.
diss. prepar.
Chant ou dessus
Dessus
Basse fondam.
Basse fond.
LII. LIII. LIV. LV. LVI. LVII. LVIII.
Diss. sauvée
Dessus
Basse continue
B.C.
Basse fond.
B.F.
LIX. LX. LXI. LXII. LXIII. LXIV. LXV. LXVI.
B.C.
Basse cont.
B.F.
Basse Fond.
Bass. Fond.

LXVII
Dessus.
Bas. C.
Bas. Fond.
LXVIII
Dessus.
Basse. C.
Basse Fond.
LXIX
B.C. Toniq. note sens. Toniq.
Bas. Fond.
LXX
B.C. note sens. Toniq.
LXXI
Bas. Cont.
Bas. Fond.
LXXII
B.F.
LXXIII
B.F.
LXXIV
B.F. Cadence rompue.
LXXV
B.F. Cadence interrompue.
LXXVI
LXXVII
LXXVIII
LXXIX
LXXX
LXXXI
LXXXII
LXXXIII
LXXXIV
LXXXV
B.C.
B.F.
Pl. 4.

LXXXVI.
LXXXVII.
LXXXVIII.
Chant Chromatiq. en descendant
LXXXIX.
Chant Chromatique en montant
Dessus
Basse fond.
Dessus
Basse fond.
XC.
XCI.
Dessus
Basse fond.
B.C.
Basse fond.
B.F.
XCII.
Dessus
Basse fond.
XCIII.
XCIV.
XCV.
Dessus
Basse cont.
B.F.
Basse fond.
B.F.
Pl. 5.

En fin, il est en ma puissance, Ce fatal enne . . mi, Ce superbe vain =
Bas. Cont.
Bas. Fond.
= queur, Le charme du som . meil le livre à ma ven.geance, Je vais per =
B. C.
B. F.
= cer son in.vin.ci.ble cœur: Par luy, tous mes Captifs sont sortis d'escla =
B. C.
B. F.
Pl. 6.

rage; Qu'il éprouve toute ma rage... Quel trouble me saisit! Qui me fait hési =
B.C.
B.F.
ter? Qu'est-ce qu'en sa fa . . veur la pitié me veut di.re? Frapons, Ciel! qui peut m'arrê =
B.C.
B.F.
ter? Achevons.. je fremis! Vengeons nous.. je soû . . pire! Est-ce ainsi que je
B.C.
B.F.
Pl.7.

dois me venger aujour . d'huy! Ma co.le.re sé . . teint. Quand j'aproche de luy...
B.C.
B.F.
Plus je le vois! plus ma vengeance est vaine; Mon bras tremblant se re =
B.C.
B.F.
fuse à ma haine: Ah! quelle cruau . té de luy ravir le jour! A ce jeune He =
B.C.
B.F.
Pl.8.

ros, tout cé.de sur la terre: Qui croiroit qu'il fût né seulement pour la guerre, Il
B.C.
B.F.
semble être fait pour l'A . mour. Ne puis-je me venger à moins qu'il ne pe =
B.C.
B.F.
risse? Hé! ne suffi-t-il pas que l'Amour le pu . nisse? Puisqu'il n'a pu trou =
B.C.
B.F.
Pl. 9.

ver mes yeux as.sez charmants; Qu'il m'aime au moins par mes enchante =
B.C.
B.F.
= ments; Que s'il se peut, je le ha . is.se.
B.C.
B.F.

www.ingramcontent.com/pod-product-compliance
Ingram Content Group UK Ltd.
Pitfield, Milton Keynes, MK11 3LW, UK
UKHW020214250726
13967UKWH00003B/1459

9 782013 071079